Meine deutschen Gefängnisse

: Die Erfahrungen eines Offiziers während zweieinhalb Jahren Kriegsgefangenschaft

Horace Gray Gilliland

Writat

Diese Ausgabe erschien im Jahr 2024

ISBN:

Herausgegeben von
Writat
E-Mail: info@writat.com

Inhalt

VORWORT

DER Autor wurde so ständig und ernsthaft aufgefordert, seine Erlebnisse niederzuschreiben , und war so ermüdend, sie zu erzählen, dass er sich schließlich entschlossen hat, einen kurzen Bericht über die Dinge zu drucken, die sich während seiner zweieinhalbjährigen Gefangenschaft in Deutschland nach seinem eigenen Wissen wirklich zugetragen haben. Er wird auch aus anderen und wichtigeren Gründen dazu ermutigt. Es gibt so viele Menschen in unserem ganzen Reich, die das Unglück haben, enge Freunde und Verwandte in deutscher Gefangenschaft zu haben. Nach Ansicht des Autors sollten diese Menschen aus der Sicht eines Menschen, der eine bittere Erfahrung gemacht hat, von der diese Seiten Zeugnis ablegen, die wahren Bedingungen erfahren, unter denen ihre Nächsten und Liebsten leben.

den Zeitungsberichten über die deutsche Brutalität skeptisch gegenüberstehen , ist zu hoffen, dass dieser Bericht eine Offenbarung sein wird.

Darüber hinaus muss es viele geben, die bereits kriegsmüde und mutlos sind und deshalb jede Gelegenheit zum Frieden ergreifen würden, selbst auf der Grundlage des *Status quo* . Wenn die hierin veröffentlichten Enthüllungen ihnen den berüchtigten, unerbittlichen und grausamen Charakter der Hunnen vor Augen führen, die vom Staat für seine Zwecke absichtlich entmenschlicht wurden , wird der Autor das Gefühl haben, dass seine Arbeit nicht umsonst war.

KAPITEL I

VON DEN BOCHES GEFANGEN

EINE GROBE Skizze der Umstände, die dazu führten, dass ich in Kriegsgefangenschaft geriet, ist mehr oder weniger unverzichtbar. Wir wurden kurzfristig von einem anderen Teil der Front, wo unsere Division in Reserve war, zu einer Position vor einer Reihe unserer Schützengräben gerufen, die der Feind einige Stunden zuvor bei seinem Vorstoßversuch auf Calais verloren hatte. Diese Schützengräben waren von Indianerregimenten gehalten worden, und sie waren nicht besonders schuld daran, dass sie sie verloren hatten. Nach dem zu urteilen, was wir sahen, müssen sie es ziemlich schwer gehabt haben.

Bei der Rückeroberung dieser drei Schützengräbenlinien geriet ich in Gefangenschaft. Ich glaube, die Stellung war als „La Bassée- Kanal-Stellung" bekannt. Unsere Brigade formierte sich in der Dämmerung gegen 16.30 Uhr gegenüber den Schützengräben, die wir angreifen wollten. Hier gerieten wir unter vereinzelten Artilleriebeschuss, aber die Verluste waren sehr gering. Soweit wir es erkennen konnten und den erhaltenen Informationen zufolge, befanden wir uns etwa 75 Meter von den Boches entfernt . Während wir auf den Befehl zum Vorrücken warteten, entwickelte sich der eingesetzte Regen zu einem heftigen Wolkenbruch, begleitet von schrecklichen Donnerschlägen. Bevor der Sturm nachließ, traf der erwartete Befehl ein. Ich eilte sofort los, um meinen Kompaniechef zu informieren, aber wegen der Dunkelheit, des krachenden Donners und des Dröhnens unserer eigenen Artillerie und der der Boches , begleitet vom üblen Tat-tat der feindlichen Maschinengewehre, konnte ich ihn nicht finden.

erkannte und die Gefahr bestand, dass die Flanke der Einheit auf unserer linken Seite ungeschützt blieb, war ich gezwungen, aus eigener Initiative zu handeln, da ich der einzige andere Offizier in der Kompanie war. Es ist sehr schwierig, eine ganze Kompanie im Einsatz zu befehligen, ohne dass andere Offiziere in der Kompanie sind. Wenn diese Aktion jedoch im Dunkeln auf unbekanntem Gelände stattfindet, ist es reine Glückssache, wenn alles gut geht.

Als wir die erste Schützengrabenlinie mit dem Bajonett eingenommen und die Stellung gefestigt hatten, ging ich, ohne etwas von den zur Aufklärung ausgesandten Spähern zu hören, hinüber, um mir die zweite Linie der Boches anzusehen . Auf meinem Rückweg wurde ich von einer Kugel ins Sprunggelenk getroffen, was sich genau wie ein Hammerschlag anfühlte. Seltsamerweise spürte ich keinen Schmerz und kam zurecht, indem ich den Fuß als eine Art Stumpf benutzte. Das Gefühl war dem sehr ähnlich, das man verspürt, wenn einem der Fuß einschläft. Kurz darauf teilte mir mein Ordonnanzoffizier mit, dass die Kompanie zu meiner Rechten sich zum Vorrücken bereit machte, und sofort teilte mir ein Jubelschrei mit, dass sie vorgerückt waren, und wir marschierten weiter.

Wie ich die Männer führen konnte, weiß ich nicht, aber irgendwie schien mein Knöchel die Arbeit gut zu machen. Es waren etwa hundert Meter bis zur Boche- Linie und etwas zu weit, um in einem Ansturm anzugreifen. Folglich gingen wir runter, um die Feuerüberlegenheit zu etablieren, als ich zu meiner Bestürzung feststellte, dass wir von der Seite beschossen wurden. Eine Aufklärung ergab, dass es sich um eine halbe Kompanie Männer ohne Offizier handelte, die zu einem anderen Regiment auf meiner linken Seite gehörten. Ich organisierte sie sofort als meine Unterstützung und nahm kurz darauf die zweite Boche- Linie im Angriff ein. Ich verwende den Begriff „Angriff" mangels eines besseren, da die Boches ihre Schützengräben geräumt hatten und nur die Verwundeten zurückließen. Wir hatten in diesem Graben kaum eine Minute Zeit zum Verschnaufen, als von rechts wieder die Nachricht kam, dass unsere Männer dort vorrückten, und so weiter. Hier jedoch kämpften die Boches wirklich hart; aber unsere Männer, die ordentlich aufgebracht waren, schreckten vor nichts zurück. Wir schlugen uns in diesem letzten Graben gut, aber die Männer waren immer wieder vorwärts; glücklicherweise bremste ein tiefer Graben ihren weiteren Vormarsch, und wir hielten erneut an, um unsere Stellung zu festigen.

Gegen acht Uhr abends kam der für unsere Stabskompanie verantwortliche Offizier an die Front und leistete hervorragende Arbeit, indem er half, viele Männer zurückzuschicken, da wir zu eng beieinanderstanden. Nachdem die Aufregung vorüber war, erfuhr ich alles über meine Wunde, die mir außerordentlich weh tat. Es gab jedoch zu viel zu tun, als dass ich damit hätte herumsitzen können. Die ganze Nacht warteten wir auf einen Gegenangriff, aber außer sporadischem Beschuss und Heckenschießen passierte nichts. Gegen vier Uhr am nächsten Morgen begann die feindliche Artillerie zu feuern, und als die Dämmerung anbrach, stellten wir fest, dass der Feind während der Nacht bis auf Granatwurfweite an uns herangekommen war. Ihr Artilleriefeuer wurde immer intensiver. Ich bemerkte ein paar 15-Zoll-Granaten, von denen eine einen Volltreffer erzielte, aber nicht explodierte. Wir machten zwei oder drei Angriffe auf die Marschstationen, aber unser Erfolg war nur vorübergehender Natur.

Gegen 8 Uhr morgens besuchte mich der befehlshabende Offizier der Frontlinie und teilte mir mit, dass er die Bomben nicht bekämpfen könne, da er nichts zu erwidern habe und auch die Munition knapp werde. Er meinte, die Lage werde in Kürze unhaltbar werden, in diesem Fall würde er sich zurückziehen und mir, wenn er es für angebracht hielte, den gleichen Befehl zukommen lassen. Diesen Befehl bekam ich nie, und obwohl ich alle möglichen Vorkehrungen getroffen hatte, um mit den Einheiten rechts und links von mir in Verbindung zu bleiben, gelang es der Kompanie meines eigenen Bataillons rechts von mir, sich zurückzuziehen, bevor ich es bemerkte. Aufgrund der Geländeformation war es uns unmöglich, irgendetwas von dem zu sehen, was an unseren Flanken vor sich ging; wir waren daher für alle Informationen völlig auf unsere Späher angewiesen.

Gegen 9.30 Uhr zog sich die Einheit links von mir unerwartet zurück, ohne mir eine Erklärung für ihre Gründe zukommen zu lassen.

Dann plötzlich kam das teuflische Artilleriefeuer, und eine große Granate landete in meiner Nähe, und ich spürte einen Schlag auf meiner rechten Seite, als hätte mich ein Rammbock getroffen. Ich fühlte, wie ich hochgehoben wurde, und im nächsten Moment rang ich unter einem Trümmerhaufen nach Luft. Meine Lungen platzten fast, als ich von einigen meiner Männer herausgezogen wurde. Ein paar Minuten lang war alles leer, und dann war das Erste, was ich wusste, dass die Boches in unserem Schützengraben waren, sowohl rechts als auch links. Sofort versuchte ich, die Männer herauszuholen und mich zurückzuziehen, nur um festzustellen, dass die Boches die zweite Schützengrabenlinie hinter uns zurückerobert hatten, die uns bis dahin als unsere Unterstützungsgräben gedient hatte. Wir hatten keine Verbindungsgräben zwischen der ersten und zweiten Linie, da wir keine Werkzeuge hatten, um sie zu bauen. So hatten wir den Feind auf vier Seiten. Das Einzige, was wir tun konnten, war, sie dafür schwer bezahlen zu lassen. Jeden Moment erwartete ich, einen britischen Jubel zu hören, der uns mitteilte, dass unsere Reserven wieder angriffen, aber leider kam keiner .

Ich bin nicht sicher, wann die Boches uns umzingelten – ich glaube, es war etwa 10.30 Uhr. Unsere Stärke betrug damals etwa zweihundert Mann, aber wir hielten den Graben fünfeinhalb Stunden lang, danach waren nicht einmal dreißig von uns übrig. Dann überschütteten uns die Boches plötzlich mit Bomben. Das Ergebnis war endgültig. Ich persönlich lag auf dem Boden des Grabens und war völlig unfähig, irgendetwas zu tun oder zu verstehen.

Mir dämmerte nie, dass ich tatsächlich lebend gefangen genommen werden könnte, denn ich hatte es als sicher hingenommen, dass ich dort, wo ich lag, erledigt sein würde. Unbewusst fragte ich mich, wie es wäre, wenn einem mit dem Kolben eines Gewehrs das Gehirn eingeschlagen würde. Wäre das sehr schmerzhaft? Jedenfalls würde es schneller gehen. Und dann erinnere ich mich, wie mich jemand auf die Füße riss, wo ich an die Seite des Schützengrabens gelehnt liegen blieb, während die Hände eines Hunnen mit dem stinkendsten Atem meine Taschen durchsuchten und mir die Knöpfe abrissen. Ich erinnere mich nicht, wie er aussah, nur an den widerlichen Geruch seines Atems. Allmählich kam ich wieder zu Sinnen, genug, um mich umzusehen, und sah, dass drei meiner Männer zusammengetrieben worden waren, die alle ziemlich fertig aussahen, und dann kam ein brutaler Befehl zum Aufstehen , *von* dem keiner von uns die geringste Notiz nahm, bis der Befehl mit Hilfe des Bajonetts durchgesetzt wurde; und dann wurden wir mit Bajonetten in die feindlichen Laufgräben getrieben, die damals bis zur Hüfte mit Schlamm bedeckt waren.

Als wir sozusagen das Niemandsland überquerten, war ich entsetzt, als ich sah, wie die Deutschen unsere Verwundeten mit ihren Bajonetten erledigten. Während sie uns ohne Rücksicht auf unsere Wunden durch die schlammigen deutschen Schützengräben trieben, konnten wir Quietschen und Schreie hören, die zeigten, dass die Boches noch immer mit dem schändlichen Morden an unseren hilflosen Verwundeten fortfuhren. Ungefähr 300 Meter weiter wurden wir einem deutschen Offizier übergeben, der unsere persönlichen Sachen inspizierte, um alle möglichen Informationen über unsere Positionen zu sammeln. Dieser Offizier war beleidigend, aber nicht brutal. Nach wenigen Minuten übergab er uns der Obhut eines bayerischen Unteroffiziers, um uns zum Divisionsstützpunkt zu bringen, der sich zu dieser Zeit in La Bassée befand . Dieser Unteroffizier trieb uns zunächst zum Unterstand einiger seiner Freunde, wo uns alle unsere persönlichen Sachen abgenommen wurden. Regimentsknöpfe und -abzeichen wurden abgerissen. Nur die Tatsache, dass ich durch meinen Stiefel am Knöchel verletzt worden war, so dass der Schaft des Stiefels zerstört war, bewahrte mich davor, barfuß nach Deutschland zu gehen. Tatsächlich hatten sie mir den linken Stiefel ausgezogen, bevor sie den Zustand des rechten entdeckten. Meine Zigarettenetui, mein Feldstecher, mein Prismenkompass, mein Geld, mein Siegelring, eigentlich alle meine persönlichen Sachen, wurden geklaut.

Einer der drei Männer, die bei mir waren, wurde durch den Kiefer getroffen und verlor durch den Blutverlust rasch an Kraft, ein anderer wurde durch die Augen getroffen und erblindete völlig, und der letzte durch den Bauch. Es ist völlig unmöglich, sich ihre Qualen vorzustellen, als sie in ihrem schwer verwundeten Zustand gezwungen waren, durch die Schützengräben zu laufen, manchmal bis zur Hüfte im Schlamm. Eine solche Gefühllosigkeit ist sehr schwer zu verstehen, aber sie ist offensichtlich ein wesentlicher Bestandteil der Boche- Komposition.

Ein Stück Schützengraben, durch den wir uns hindurchbegeben mussten, zeigte die Wirkung unseres großartigen Artilleriefeuers, denn es war buchstäblich vollgestopft mit toten Deutschen, über deren Leichen wir laufen mussten. Einer unserer Wachmänner, der die Führung übernahm, trampelte absichtlich auf den Leichen seiner Kameraden herum, von denen viele nicht tot waren, und stieß sie in den schleimigen Schlamm, und als ich meinen Ekel zeigte, wurde ich fröhlich ausgelacht. Etwas weiter kamen wir zu einem Schützengraben, auf den unsere Artillerie zielte. Dies schien eine gute Gelegenheit für unsere Wachmänner zu sein, sich ein wenig auszuruhen, und damit es nicht zu langweilig wurde, befahl man uns, den Schützengraben zu verlassen und uns auf die Brustwehr zu stellen. Ich kann nicht erklären, warum keiner von uns getroffen wurde, aber das Schicksal verweigerte den Boches offensichtlich die Unterhaltung, nach der sie sich so sehnten.

Als wir weiterzogen, trafen wir auf kleine Verstärkungstruppen, die an die Front vorrückten. Jedes Mal wurden wir aus den Schützengräben gestoßen, obwohl für diese Männer genügend Platz zum Passieren war. Soweit ich mich erinnern kann, brach einer meiner Männer, von dem bereits erwähnt wurde, dass er einen Kieferschuss erlitten hatte, nach etwa einer Meile wegen Blutverlusts zusammen. Der Wächter ließ ihm zwei oder drei Minuten Zeit und stach ihn dann mit der Spitze seines Bajonetts wieder auf. Dies geschah dreimal. Das letzte Mal stieß einer der Wächter, verärgert über unser langsames Vorankommen, dem Mann sein Bajonett durch die Brust. Bald darauf verließen wir die Schützengräben und fanden uns auf der Hauptstraße wieder, die nach La Bassée führte . Danach setzten die beiden Männer und ich diesen schrecklichen Weg Arm in Arm entlang der Straße nach La Bassée fort. Der blinde Mann stützte meine rechte Seite, befolgte jedoch meine Anweisungen, während mein linker Arm den Mann stützte, der in den Bauch getroffen worden war und zu diesem Zeitpunkt praktisch im Delirium war.

Endlich, nach einer scheinbar endlosen Reise, stolperten wir nach La Bassée , wo uns unser Wachmann am Stadtrand einem anderen Unteroffizier übergab, der uns zum Brigadehauptquartier führte. Dieser Mann schien mehr oder weniger freundlich zu sein und bot mir sogar eine Zigarette an. Fast sofort wurde ich vor einen Vernehmungsoffizier geführt, mit dem ich mich weigerte zu sprechen, bevor meine beiden Männer ins Krankenhaus gebracht worden waren; er willigte sofort ein, anscheinend überrascht darüber, dass man uns an der Front keine Aufmerksamkeit geschenkt hatte. Nachdem ich persönlich gesehen hatte, wie meine Männer den Verbandsplatz des Roten Kreuzes betraten, wurde ich erneut zum Brigadehauptquartier geführt. Ich berichtete dem Vernehmungsoffizier von der vorsätzlichen Ermordung eines meiner Männer und dem völligen Ausbleiben von Hilfe vom Roten Kreuz. Dieser Offizier lächelte ungläubig und bemerkte, er glaube, ich übertreibe, würde aber Nachforschungen anstellen. Ob er dies jemals tat oder nicht, kann ich natürlich nicht sagen. Bis zum Zeitpunkt des Schreibens dieses Artikels konnte ich nicht herausfinden, was mit den beiden Männern geschah, die ich in La Bassée zurückließ .

Was das Verhör angeht, wurden natürlich sehr wenige Informationen von mir in Erfahrung gebracht. Als ich um medizinische Versorgung bat, wurde mir mitgeteilt, dass ich alles, was ich benötige, am Bahnhof erhalten würde, wohin mich ein weiterer Wachmann begleitete. Dieser Mann erwies sich als sehr freundlich, denn als ich am Bahnhof ankam, fand er keine Spuren des Roten Kreuzes und half mir, meine Wickelgamaschen und Hosen auszuziehen, während ich meine Knöchel- und Bauchwunden unter einer Pumpe reinigte. Der Wachmann wusch den dicken, schleimigen Schlamm, mit dem sie verkrustet waren, von meinen Wickelgamaschen und Hosen und half mir, die sauberen, wenn auch nassen Kleider wieder anzuziehen. Kurz darauf wurde ich in einen Warteraum im Bahnhof gebracht, wo ich drei weitere Offiziere vorfand, von denen einer aus meinem eigenen Regiment stammte und am frühen Morgen desselben Tages gefangen genommen worden war.

Zu diesem Zeitpunkt war es bereits fast dunkel, wahrscheinlich etwa fünf Uhr morgens. Eine Stunde später kamen zwei oder drei deutsche Offiziere herein und machten sich so unangenehm und beleidigend wie möglich, indem sie mehrere Dum-Dum-Kugeln hervorholten, die sie uns vorwarfen, benutzt zu haben. Sie diskutierten untereinander, ob es ratsam sei, uns sofort auszuschalten und zu erschießen, weil wir die Regeln der zivilisierten Kriegsführung gebrochen hatten, eine ausgesprochen humorvolle Bemerkung aus dem Mund eines Hunnen. Einer der britischen Offiziere, der Deutsch sprach, argumentierte, dass eine solche Anschuldigung albern sei, aber ohne Erfolg.

Gegen acht Uhr am selben Abend wurden wir mit ein paar Männern in Waggons der vierten Klasse unter starker Bewachung zu einem Bahnhof auf dem Weg nach Lille gebracht, wo wir die Nacht in einem Nebengebäude verbrachten, das einen kleinen Ofen und etwas Stroh hatte. Hier versuchten wir , einige unserer Kleider zu trocknen, während einer unserer Offiziere meinen Knöchel mit seinem Feldverband verband. Hier brachte uns auch ein deutscher Unteroffizier eine heiße Suppe mit Schwarzbrot. Während der Nacht, als der Ofen ausgegangen war, bemerkte einer unserer Wachmänner, dass einige der Schläfer vor Kälte zitterten, und versuchte, sie mit etwas Stroh zu bedecken. Dies war eine kleine freundliche Geste, die ich nie vergessen werde. Wir stellten fest, dass ein deutscher Soldat niemals eine so kleine freundliche Geste vollbrachte, wenn einer seiner Offiziere oder Unteroffiziere anwesend oder in der Nähe war.

Gegen Morgen wurden wir angewiesen, unsere halbtrockenen Kleider wieder anzuziehen, und gegen sechs oder sieben Uhr bestiegen wir einen Wagen der vierten Klasse und wurden zum Bahnhof von Lille gebracht. Von hier aus wurden wir zur alten Festung von Lille marschiert. Unterwegs erhielten wir viele Zeichen tiefer Anteilnahme von der belgischen Bevölkerung; die meisten Frauen schienen zu weinen, und ich bemerkte, dass die Männer aus Respekt ihre Köpfe entblößten. Zwei- oder dreimal versuchten einige Frauen, den Männern Schokolade in die Hände zu drücken. Als einer der deutschen Wachen einmal eine Frau dabei beobachtete, schlug er sie mit dem Kolben seines Gewehrs nieder. Viele Deutsche brüllten uns Beleidigungen zu, aber der Wachmann neben mir bemerkte, dass wir solche Leute nicht beachten dürften, da sie nur Soldaten seien, die an den Kommunikationslinien eingesetzt seien, also nie an der Front gewesen seien und daher nicht wüssten, was Kämpfen sei. Ich erwähne dies, weil es so selten ist, unter den Boches einen ritterlichen Geist zu finden , und in einem Bericht dieser Art ist es nur fair, sowohl über die guten als auch die schlechten Seiten ihrer Charaktere zu schreiben.

KAPITEL II MIT

VIEHTRANSPORT NACH MÜNDEN

BEI unserer Ankunft in der Festung wurden wir von den Männern getrennt und die Offiziere einem weiteren Verhör unterzogen. Als wir um sofortige medizinische Hilfe baten, wurde uns versichert, dass diese sofort erfolgen würde. Als wir den uns zugewiesenen Raum betraten, fanden wir drei weitere britische Offiziere, die einige Tage zuvor gefangen genommen worden waren und die sich sofort daran machten, aus ihren eigenen spärlichen Vorräten eine Mahlzeit für uns zuzubereiten. Es gab nur ein richtiges Bett im Raum, das mir sofort übergeben wurde; der Rest waren schmutzige, auf den Boden geworfene Strohsäcke . Ein belgischer Ordonnanzoffizier wurde bereitgestellt, um sich um uns zu kümmern und uns die Tagesration zu bringen. Er hatte auch das Privileg, in die Stadt Lille zu gehen und kleine Extras zu kaufen, allerdings zu einem sehr hohen Preis, wie wir bald herausfanden.

Später erfuhren wir, dass die Erdgeschossquartiere der Festung von einer Anzahl einheimischer Truppen besetzt waren. Am nächsten Tag stattete ihnen einer meiner Offizierskollegen einen Besuch ab und fand sie unter sehr ungesunden Bedingungen lebend vor. Sie litten sehr unter der Kälte, da die Deutschen sie ihrer Mäntel entledigt hatten. Diese armen Kerle waren also, wie es ihr eigenes Klima erforderte, gekleidet und litten sehr. In anderer Hinsicht waren sie jedoch recht gut behandelt worden und hatten reichlich zu essen. Am Nachmittag desselben Tages herrschte ein großer Tumult unter ihnen, da ein Baboo (ein professioneller Agitator) sie im Festungsinneren ansprach. Einer ihrer Subahdar -Majors drückte uns gegenüber seine extreme Abscheu über den deutschen Versuch aus, ihre Loyalität zu untergraben. Der Kern der Agitation bestand darin, die einheimischen Truppen dazu zu bringen, ihre Loyalität gegenüber der britischen Krone aufzugeben und an der Ostfront gegen die Russen zu kämpfen.

Den ganzen Tag über bat ich immer wieder um ärztliche Hilfe, wurde aber immer durch die Antwort abgeschreckt, dass der Arzt jede Minute erwartet würde. Diese Farce der ärztlichen Versorgung dauerte während unseres gesamten Aufenthalts in Lille an, aber kein Arzt kam jemals. Ein Rotkreuz-Angestellter besuchte mich, erklärte jedoch bei der Untersuchung, dass er nicht kompetent sei, den Fall zu behandeln, und dies dem Arzt überlassen müsse.

In der Nacht des 25. Dezember wurden wir mit einer großen Männergruppe, bestehend aus Briten, Franzosen, Belgiern und einigen einheimischen Soldaten, von der Festung zum Hauptbahnhof in Lille gebracht. Als wir dort ankamen, war der ganze Ort hell erleuchtet mit geschmückten Weihnachtsbäumen, genau wie man es bei einem Kinderfest sieht, und die gesamte deutsche Bevölkerung war in Festtagskleidung. Bei dieser Gelegenheit hielt man uns glücklicherweise von den Zivilisten und anderen fern, so dass die Gefahr, beleidigt zu werden, stark reduziert war.

Fast sofort wurden wir auf eine lange Plattform geführt und gegenüber einer Reihe schmutzig aussehender Viehwaggons angehalten, die in der Mitte die üblichen Schiebetüren und hoch oben an der Seite zwei kleine Falltüren hatten. Ich erwähne letztere, weil wir später auf der Reise durch diese von einigen der ritterlichen Feinde mit Steinen beworfen wurden.

In diese Lastwagen wurden wir gepfercht. In unserem Lastwagen befanden sich 51 Personen, darunter Offiziere, britische Tommies , einige Franzosen und einige Zuaven. Der Innenraum des Lastwagens war ekelhaft schmutzig und nicht einmal mit Stroh ausgestattet.

Natürlich konnten nicht alle liegen oder sitzen. Die Verwundeten konnten das, aber die anderen standen meist. Ich persönlich erinnere mich nicht sehr gut an diese fürchterliche Reise. Meine Wunden schmerzten so sehr, dass ich durch die Stöße des Lastwagens, die extreme Kälte und den Mangel an Nahrung meine Umgebung glücklicherweise größtenteils nicht mehr wahrnahm. Einige Vorfälle sind mir jedoch im Gedächtnis geblieben. Zum Beispiel wurden bei mehreren Gelegenheiten, wenn der Zug an kleinen Bahnhöfen anhielt, die großen Schiebetüren des Lastwagens geöffnet und deutsche Soldaten stiegen ein und raubten sowohl Offiziere als auch Mannschaften aller Art warmer Oberbekleidung, die sie vielleicht auf dem Schlachtfeld aus den Fängen der Hunnen gerettet hatten, wobei sie es insbesondere auf Burberrys abgesehen hatten. Man kann sich gut vorstellen, wie ärgerlich es war, sich gegen solche Übergriffe nicht verteidigen zu können. Außerdem litten wir sehr unter Hunger und Kälte. Ich persönlich litt unter ersterer nicht so sehr, was wahrscheinlich am Zustand meiner Wunden lag. aber ich weiß, dass meine Gefährten ausgehungert waren, da wir in Lille sehr wenig gegessen hatten: die ganze erste Nacht über nichts in den Lastwagen und den ganzen nächsten Tag nichts. Außerdem wurden während dieser Zeit keinerlei sanitäre Vorkehrungen für uns getroffen.

Am frühen Morgen des zweiten Tages wurden uns zwei deutsche Wachen zugeteilt und eine kleine Bank, auf der sie sitzen konnten. Diese beiden Kerle erwiesen sich als äußerst freundlich, bestanden darauf, zu stehen und ließen einige der Verwundeten auf der für sie bereitgestellten Bank sitzen. Außerdem teilten sie einen Teil ihrer Rationen mit einigen von uns.

Leider blieben diese Männer nur ein paar Stunden bei uns. Bald nachdem sie uns verlassen hatten, wurden uns viele Dosen mit Marmelade oder Fisch und gelblichem, warmem Wasser zum Trinken gegeben. Wir rissen uns eifrig daran, aber als wir es probierten, war klar, dass es verunreinigt war. Gleichzeitig wurde durch eine der oben erwähnten kleinen Falltüren eine Portion saures Schwarzbrot auf uns geworfen, so wie man einem eingesperrten Schakal Essensreste zuwirft.

Ich glaube, es war noch am selben Abend, als wir in Köln ankamen, wo wir die Nacht auf einem Abstellgleis verbrachten. Auf dem Hauptbahnsteig in Köln sahen wir einige Mitglieder des Deutschen Roten Kreuzes, von denen wir Lebensmittel verlangten und die sofort losgingen, um sie zu holen. Als sie zurückkamen, erlaubten die deutschen Wachen an der Tür des Lastwagens nicht, dass den englischen Schweinhunden etwas davon gegeben wurde . Ein wenig wurde jedoch an die Franzosen verteilt, die es sehr großzügig mit uns teilten. Meine Portion bestand aus einer etwa fünf Zentimeter langen kleinen Rohwurst.

Ich vergaß zu erwähnen, dass an diesem letzten Tag die Männer zweimal, als sie zu einer Latrine geführt wurden, die teuflische Grausamkeit unserer Wachen so groß war, dass sie den Männern keine Zeit ließen, diese notwendigen Erledigungen zu erledigen. In einem Fall entblößten sie sogar einen Mann in nacktem Zustand vor den Augen einer Menge johlender Zivilisten. Auch wurden wir unterwegs mehrere Male durch die kleinen Falltüren des Lastwagens von der Bevölkerung mit Steinen beworfen, wobei ein oder zwei der Männer schwer verletzt wurden.

Gegen Nachmittag des dritten Tages erreichten wir Münden in Hannover, wo wir aus dem Zug ausstiegen, in einen Warteraum gebracht und vom Roten Kreuz mit einer dringend benötigten Ration heißer Suppe und Brot versorgt wurden. Danach wurden wir vorgeführt, von den Männern getrennt und in das Lager Münden marschiert , das am Ufer der Weser liegt, etwa anderthalb Meilen vom Bahnhof entfernt. Hier machte ich den für unsere Gruppe verantwortlichen Offizier erneut auf meinen Zustand aufmerksam, erreichte aber nichts, nicht einmal einen Transport zum Lager. Der Offizier sagte, dass ein Transport für die Verwundeten unterwegs sei. Ich antwortete: „Weihnachten auch", aber offensichtlich sah er es nicht. Jedenfalls mussten wir zu Fuß gehen. Irgendwann am Abend kamen wir im Lager an und wurden sofort in einem eigenen Raum untergebracht, wo wir einige mit Stroh gefüllte, auf den Boden geworfene Strohsäcke fanden . Einige grobe Laken und Decken wurden ebenfalls bereitgestellt, außerdem ein Waschtisch und ein Stiefelknecht. Ich erwähne Letzteres, weil der deutsche Ordonnanzoffizier, der uns zugeteilt war, immer wieder diesen scheußlichen Stiefelknecht aufhob und gestikulierte, dass alles vorhanden sei, sogar ein Stiefelknecht. Am nächsten Tag wurden wir erneut verhört und persönliche Gegenstände wie Briefe, Notizbücher und Geld, von denen einige meine Offizierskameraden noch in ihrem Besitz hatten, wurden vorübergehend konfisziert. Der Gegenwert des Geldes wurde jedoch in deutscher Währung zurückgegeben. Danach wurden uns Zimmer zugeteilt und wir mussten zu unserem Entsetzen feststellen, dass wir getrennt wurden. Die Deutschen hatten herausgefunden, dass die Briten viel glücklicher waren, wenn sie allein waren, und sorgten dafür, dass ein britischer Offizier immer ein Zimmer mit Offizieren anderer Nationalität als seiner eigenen belegte. In kleinen Dingen wie diesem zeigten die Boche eine ausgeprägte Feindseligkeit gegenüber britischen Offizieren im Vergleich zu den Russen oder Franzosen. In dem Zimmer, in das ich persönlich geschickt wurde, befanden sich bereits fünfzehn Russen.

Kurz nachdem mir Zimmer zugeteilt worden waren, wurde ich ins Krankenhaus gebracht, wo im Erdgeschoss des Gebäudes die Wunde an meinem Knöchel zufriedenstellend versorgt wurde; aber sie schienen nicht zu wissen, was sie mit der Körperwunde anfangen sollten. Als sie feststellten, dass drei Rippen auf der rechten Seite gebrochen waren, versuchten sie, sie zu richten und zu verbinden. Der behandelnde Arzt war ein angeberisches kleines Biest von etwa neunzehn oder zwanzig Jahren und schien nicht viel von seinem Job zu verstehen. Danach kehrte ich in mein Zimmer voller Russen zurück und legte mich ins Bett.

Das Lager in Münden war eine alte Ölfabrik und war hastig in ein Lager für Kriegsgefangene umgewandelt worden. Als wir ankamen, waren dort etwa 800 Gefangene, aber es kamen noch mehr, nachdem wir ein oder zwei Monate dort waren. Das Schlafzimmer hatte praktisch keinerlei Möbel. Ein Regal, auf dem Blechbecken standen, diente als Waschtisch, und es gab ein paar Eimer für Wasser. Zwei kleine Tische und etwa ein Dutzend Stühle sowie ein kleines Regal von etwa fünf Zoll Breite über dem Kopfende jedes Bettes vervollständigten die Einrichtung der Räume. Neben den Schlafzimmern wurde ein Teil des Erdgeschosses der Fabrik als Speisesaal genutzt. Die Unterkunft hier bestand aus ein paar schmutzigen Tischen und Stühlen. Um das Unbehagen noch zu verstärken, waren die öligen Decken und Wände weiß getüncht worden, um den Anschein von Sauberkeit zu erwecken. Natürlich bröckelte der Kalk beim Trocknen ab, mit dem Ergebnis, dass Haare, Augen und Kleidung mit feinem Kalkpulver bedeckt wurden, vermischt mit dem Staub, der durch die Dielen des Fußbodens der darüber liegenden Schlafzimmer sickerte. Im Erdgeschoss befanden sich auch Kantine, Krankenzimmer und Badezimmer. In der Kantine wurde gekocht und die Tagesrationen bereitgestellt. Hier konnten wir Brot, Käse, Marmelade und Kaffee kaufen, gelegentlich auch Obstkonserven und diverse Toilettenartikel.

Die Tagesration war weder appetitlich noch besonders abwechslungsreich. Jeden Tag gab es Schwarzbrot und Kaffee zum Frühstück. Das Mittagessen bestand fast ausnahmslos entweder aus Fisch und Kartoffeln oder aus Schweinefleisch und Kartoffeln. Der Fisch war sehr selten genießbar, das

Schweinefleisch jedoch oft ganz frisch. Selbst an den Tagen, an denen es nicht genießbar war, schmeckte es recht gut, sofern man kein allzu ausgeprägtes Farbauge hatte . Ich meine die Regenbogenfarben, die man oft auf der Oberfläche des Fleisches reflektiert sah.

Diese Art der Rationenverteilung trug sicherlich nicht dazu bei, dass die Rationen appetitanregend wurden . Die Ordonnanzen mussten vier oder fünf Stunden vor dem Mittagessen in langen Schlangen vor der Kantine warten, bis sie an die Reihe kamen. Dann bestellten und bezahlten sie die Ration, die der Anzahl der Offiziere zugeteilt war, denen sie gerade zugeteilt waren. Ihre Rationen wurden dann in gewöhnliche Abfalleimer geworfen und darin den Offizieren serviert. Kartoffeln waren das Hauptnahrungsmittel, obwohl Käse und Butter recht gut waren. Das Schwarzbrot war scheußlich und verursachte aufgrund seines feuchten und teigigen Zustands heftige Verdauungsstörungen.

Das Beste am Lager waren die Bäder, die ziemlich gut waren. Warmes und kaltes Wasser gab es bis Mittag, außer sonntags. Der als Übungsplatz vorgesehene Bereich war ein schlammiger Abschnitt von etwa 90 Yards im Quadrat, der von zwei Maschendrahtreihen umgeben war. In diesen Hof ragte aus dem Erdgeschoss der Fabrik eine lange Holzlatrine, die der schrecklichste Ort war, den man sich vorstellen konnte. Sie bestand lediglich aus einer Reihe von Löchern, die in den Boden geschnitten waren, ohne jegliche Form von Abfluss. Der einzige Versuch, sie zu entleeren, wurde von unseren eigenen Ordonnanzen unternommen, die sie auspumpten und den Inhalt in einem anderen großen Loch direkt außerhalb des Zauns entsorgten. An einem warmen Tag, wenn der Wind in Richtung des Lagers wehte, war es unmöglich, sich im Freien zu bewegen. Gegen Februar 1915 war es absolut notwendig, Mund und Nase zu bedecken, um diese Latrinen zu besuchen. In diesem Hof war der allgemeine Müllhaufen des Lagers mit allen möglichen verrottenden Abfällen übersät, auf denen Fliegen schwärmten. Im Lager herrschte eine Läuseplage, vor allem im Krankenzimmer. Die russischen Offiziere hatten schon lange vor der Ankunft der Briten unter dieser Plage gelitten, und die Deutschen hatten keinen Versuch unternommen, das Lager von diesem Ungeziefer zu befreien, weder durch Ausräuchern noch auf andere Weise.

Gegen Ende März, als ich aus meinem Zimmer in ein Bett im Krankenhaus im Erdgeschoss verlegt worden war, bat ich einen unserer Offiziere, der aufgrund seines großen Familiennamens mehr Einfluss bei den Boches zu haben schien , sich beim Kommandanten über den entsetzlichen Schmutz im Krankenhaus zu beschweren. In einigen Betten wimmelte es buchstäblich von Tausenden von Läusen. Das Ergebnis dieser Beschwerde war die Einführung von Verbrennungsöfen im Lager, woraufhin sich die Lage deutlich besserte.

KAPITEL III

DIE TROTZIGKEIT DES LAGERLEBENS

WÄHREND unserer Gefangenschaft in Münden verging die Zeit, glaube ich, schwerer als in jeder späteren Zeit, da wir praktisch keinen Lesestoff hatten. Pakete und Briefe von zu Hause waren sehr selten. Es waren keine Tageszeitungen oder Zeitschriften jeglicher Art erlaubt, nicht einmal deutsche, nur ein Schundblatt namens *The Continental Times: A Journal for Americans in Germany* – wahrscheinlich die skandalöseste Zeitung, die je herausgegeben wurde, und von der nach der Friedenserklärung sicherlich Exemplare gedruckt werden sollten, und die eine Guinee pro Exemplar wert wäre, das kann ich Ihnen versichern. Es gab nur etwa ein Dutzend englische Romane im Lager und keine Möglichkeit, mehr zu bekommen; folglich musste man sie immer und immer wieder lesen, um seinen Geist zu beschäftigen; und um die Sache noch schlimmer zu machen, war das Rauchen als allgemeine Strafe verboten, weil einige russische Offiziere eines Sonntags ihre Nationalhymne im Hof sangen – wer beim Rauchen erwischt wurde, wurde in eine Zelle gesperrt und zusammen mit den gewöhnlichen Schwerverbrechern in das Zivilgefängnis in der Stadt gesteckt. Ich persönlich bestach bestimmte Wachen, damit sie mir Zigaretten besorgten. Man kann sich gut vorstellen, dass man dafür viel bezahlen musste, etwa vier Pence pro Stück für eine sehr billige Zigarette aus deutschem Tabak, was ein Durchschnittspreis war. Und selbst dann konnte man nur eine begrenzte Anzahl kaufen. Oft genug wurde eine Zigarette in zwei Hälften geteilt und mit einem Kumpel geteilt, so dass man selten mehr als ein paar Züge bekam. Zigaretten, die in Paketen von zu Hause ankamen, wurden uns natürlich nicht zugestellt.

Ab Ende Februar 1915 kamen meine Pakete aus der Heimat ziemlich regelmäßig an, nachdem sie sehr lange unterwegs gewesen waren. Gelegentlich waren Bücher dabei, deren Zensur durch die Hunnen Monate dauerte. Man konnte sich nicht immer sicher sein, ob man sie erhielt, selbst wenn sie schon Jahre vor Kriegsausbruch geschrieben worden waren, denn sie enthielten möglicherweise Informationen zu einem Thema, das für Gefangene von Nutzen sein könnte.

Einmal wurden alle Offiziere irischer Nationalität zum Kommandanten beordert. Damals waren wir nur zu zweit, aber es gelang uns, das Gespräch ein wenig zu amüsieren. So konnte er zum Beispiel nicht verstehen, wie es möglich war, dass Iren, egal ob aus dem Norden oder Süden, in englischen Regimenten dienten, da zwischen den Iren und ihren englischen Unterdrückern die größte Feindseligkeit herrschte. Man teilte uns mit, dass man Vorbereitungen traf, um uns, da wir Iren waren, in ein anderes Lager zu verlegen, wo die Bedingungen viel besser sein würden. Wir dankten dem Kommandanten, aber am Ende hörten wir nie wieder etwas davon. Offensichtlich war dies ein Versuch, unsere Loyalität zu untergraben.

Bald nach unserem Gespräch mit dem Kommandanten erhielt das ganze Lager den Befehl, uns gegen Typhus zu impfen. Der Arzt, der uns besuchte, führte die Impfung sofort durch. Es war derselbe kleine Emporkömmling, der bereits beschrieben wurde und der große Freude daran hatte, die Nadel so grob und tief wie möglich zu stechen, sodass die meisten von uns danach noch einige Zeit Schmerzen hatten.

Die Mehrheit der Offiziere versuchte, sich die Zeit mit dem Erlernen von Sprachen zu vertreiben. Einige lernten Russisch und fast alle Französisch oder vervollkommneten ihre Kenntnisse in dieser Sprache. Einige lernten Deutsch und nahmen darin Unterricht bei französischen Offizieren, von denen einige perfekt Deutsch sprachen. Die Leute zu Hause könnten denken, dass jene Offiziere, die diese scheinbar so gute Gelegenheit, Fremdsprachen zu lernen und sich damit viele der anstrengenden Stunden zu vertreiben, nicht nutzten, äußerst dumm waren; aber glauben Sie mir, es ist etwas ganz anderes, zu Hause oder am College zu studieren, wo man mehr oder weniger in Ruhe sein kann, als als Gefangener in Deutschland zu studieren, wo es äußerst schwierig, wenn nicht fast unmöglich ist, einen Moment Ruhe zu finden. Der Leser soll sich, wenn möglich, vorstellen, wie er versucht, eine Fremdsprache zu lernen, während alle anderen Leute in seinem Zimmer laut andere Sprachen plappern. Offiziere und ihre Ausbilder sah man normalerweise, mangels anderer Plätze, in einer engen und stickigen Atmosphäre auf ihren Betten sitzen, während von allen Seiten ununterbrochen geplappert wurde. Nehmen wir zum Beispiel an, Sie würden Deutsch lernen, und auf dem nächsten Bett, keine drei Fuß entfernt, würde jemand laut Französisch wiederholen. Auf dem Bett auf der anderen Seite würde eine Russischstunde stattfinden und vielleicht in der hintersten Ecke des Zimmers würden ein paar Franzosen der Fremdenlegion versuchen , ihr Arabisch zu verbessern, während um die Warmwasserrohre herum eine hitzige Diskussion auf Französisch oder Englisch über die voraussichtliche Dauer des Krieges, Friedensbedingungen usw. geführt würde.

Apropos Turm von Babel; darin konnte er nicht gewesen sein. Um die allgemeine Ablenkung noch zu verstärken, muss erklärt werden, dass die Türen der Schlafzimmer alle von einem kleinen Glasfenstergitter durchbrochen waren, durch das die im Gebäude postierten Wachen uns ständig beobachteten. Wenn man plötzlich von dem aufblickte, was man gerade tat, sei es Lernen, Lesen oder Toilettengang, fand man ein schmutziges Gesicht, das gegen das Gitter gedrückt war und verstohlen jede Bewegung beobachtete. Natürlich ließ der bloße Anblick ihrer hässlichen

Gesichter in so unmittelbarer Nähe einen innerlich kochen, in einem hoffnungslosen Verlangen, sie zu erreichen.

Ich habe bereits erwähnt, dass das Lager in Münden direkt am Ufer der Weser lag, auf deren anderer Seite eine Eisenbahnlinie verlief, auf der man oft Truppen kommen und gehen sah. Einmal dachten sich einige dieser Soldaten, sie könnten sich ein wenig Spaß machen, und begannen vom Zug aus, der an dieser Stelle einen sehr steilen Abhang hinauffuhr, auf das Lager zu schießen. Dabei durchschlug eine Kugel das Fenster eines der Räume und blieb im Putz der gegenüberliegenden Wand stecken. Zum Glück für die Gefangenen wurde niemand getroffen; aber das war nicht die Schuld der Boches . Auf Gefangenenlager mit hilflosen Gefangenen zu schießen, würde den Deutschen sicherlich gefallen . Natürlich wurden Beschwerden beim Kommandanten eingelegt, aber wie üblich geschah nichts.

Immer kamen kleine Gruppen von Gefangenen im Lager an, begleitet von einem deutschen Offizier und einem Wachmann. Als einer dieser Offiziere eine Gruppe Briten im Speisesaal sitzen sah, kam er sehr höflich auf sie zu und drückte sein Bedauern darüber aus, sie dort zu sehen, sagte ihnen aber, sie sollten sich nicht aufregen, da der Krieg bald vorbei sein würde. Tatsächlich sagte er: „In sechs Wochen werden wir in London sein." Beachten Sie, dass diese Bemerkung im Februar 1915 gemacht wurde! Er sagte außerdem, dass London bereits teilweise zerstört sei. Er prahlte nicht und schien ein ganz anständiger Kerl zu sein; aber er glaubte wirklich, dass das, was er sagte, wahr war. Es ist höchst außergewöhnlich, wie die deutsche Regierung in Verbindung mit ihrer Presse in der Lage war, ihr Volk jede Lüge glauben zu lassen, sogar in dem Maße, dass London in Flammen stand und die Bevölkerung von Ratten lebte und dass Seehäfen wie Southampton und Portsmouth durch Geschützfeuer ihrer Flotte zerstört wurden. Letzteres wurde mir 1916 in aller Glaubwürdigkeit in der Festung Ingolstadt erzählt.

Eines Tages herrschte bei uns in Münden große Aufregung , weil ein russischer Ordonnanzoffizier einen Teller aus der Kantine trug, auf dem zwei Spiegeleier lagen. Er war noch keine fünfzig Meter weit gekommen, als er von Offizieren umringt wurde, die beim Anblick der beiden Eier völlig außer sich waren und fragten, woher er sie habe, ob es noch mehr gäbe und wie viel er dafür haben wolle. Die Offiziere boten zwanzig oder dreißig Mark für die Eier. Doch leider hielt der Ordonnanzoffizier sein Versprechen. Es schien, als hätte der Kommandant sie als besonderes Zeichen der Gunst für einen russischen General besorgt, der an Magenbeschwerden litt und schon sehr lange nichts Festes mehr essen konnte. Natürlich eilten alle zur Kantine, um Eier zu bestellen, aber es war nichts zu machen, denn der Anblick der Eier blieb uns wie ein schöner Traum im Gedächtnis.

Es ist eine sehr schwierige Aufgabe, einen interessanten Bericht über das Leben in diesem Lager zu schreiben, da jeder Tag mehr oder weniger wie der vorherige verlief. Es gab nur wenige Dinge, die die trostlose Monotonie auflockerten, daher möge der Leser mir verzeihen, wenn ich gewisse Ereignisse schildere, die für mich äußerst interessant sind, den gelegentlichen Leser jedoch langweilig finden könnten. Ich möchte Ihnen zum Beispiel in groben Zügen schildern, wie ein gewisser britischer Offizier aus Münden entkam , da dies die einzige Fluchtmöglichkeit während meiner Gefangenschaft dort war. Es wurde schon früher berichtet, wie ich aus meinem Zimmer in das Krankenhaus im Erdgeschoss gebracht wurde. Ein weiterer Krankenhausinsasse im Bett neben mir war ein britischer Subalternoffizier, dem vor kurzem eine erfolgreiche Flucht aus Deutschland gelungen war, daher habe ich keine Hemmungen, seinen beherzten Versuch zu schildern, da ich seine Erlaubnis dazu eingeholt habe.

Zu der Zeit, die ich schreibe, litt dieser Offizier an einer schrecklichen Hautkrankheit, die wahrscheinlich durch den Verzehr des bereits beschriebenen schlechten Schweinefleischs verursacht wurde. Seine unteren Gliedmaßen waren praktisch eiternd, dennoch gelang ihm die Flucht aus dem Lager, in Verbände gehüllt. Unglücklicherweise wurden er und drei oder vier russische Offiziere, die mit ihm geflohen waren, nach fünf oder sechs Tagen auf der Flucht und etwa siebzig Meilen von der niederländischen Grenze gefangen genommen, hauptsächlich wegen Erschöpfung. Der Fluchtweg wurde durch einen alten, nicht mehr genutzten Luftschacht geschaffen, der von der Fabrik zu einigen Nebengebäuden führte und über die Köpfe der Wachen und die beiden Maschendrahtzäune, die das Lager umgaben, führte.

Die Russen planten, die Wand der Fabrik gegenüber diesem Luftschacht zu durchbrechen und sie, wenn möglich, als Mittel zu nutzen, um ungesehen an den Wachen vorbeizukommen. Offenbar hatte einer der russischen Vorgesetzten die Erlaubnis erhalten, ein Klavier zu mieten und einen der Räume als Musikzimmer zu nutzen. Das Klavier wurde an die Fabrikwand gestellt, genau gegenüber der Stelle, von der aus es den stillgelegten Luftschacht treffen sollte, und einige Zeit in dieser Position belassen, um die Aufmerksamkeit abzulenken. Dann, als eine Reihe von Musikern alle möglichen Instrumente und Melodien spielten, wurde die Wand hinter dem Klavier nach und nach abgerissen, und obwohl die Boches ständig in den Raum gingen, schöpften sie keinen Verdacht. Das Abreißen der Wand wurde mit dem einzigen verfügbaren Instrument durchgeführt, *nämlich* einem gewöhnlichen kleinen Taschenmesser.

Nachdem sie sich in den Luftschacht eingebrochen hatten, was sehr viel Mühe gekostet haben muss , wählten wir für den Versuch eine schöne dunkle Nacht. Da ich vorher darüber informiert worden war, wann dies stattfinden sollte, half ich Leutnant ———, wo ich nur konnte. Dazu musste ich aus dem

Bett aufstehen und einen Mantel über meinen Pyjama ziehen . Unter dem Mantel war eine komplette Zivilkleidung versteckt, die größtenteils von den Russen beschafft worden war. Ich brachte sie an den Wachen vorbei in das oben erwähnte Musikzimmer und deponierte das Bündel dort . Nach meiner Rückkehr verließ der Leutnant das Krankenhaus und begab sich in das Musikzimmer. Danach sah ich ihn erst etwa drei Wochen später wieder – an dem Tag, als alle britischen Offiziere in ein anderes Lager in Sachsen verlegt wurden.

Sobald Leutnant —— das Krankenhaus verließ, war ich damit beschäftigt, alle verfügbaren Kissen in eine menschliche Gestalt zu stopfen, sie in sein Bett zu legen und das Ganze mit Laken und Decken zuzudecken, die ich gut um den Kopf herum hochgezogen hatte, damit der Krankenpfleger des Boche- Krankenhauses, wenn er am Abend mit den Medikamenten auf seine Runde kam, mit etwas Glück getäuscht werden und glauben konnte, der Leutnant liege in seiner üblichen Haltung im Bett und schlafe, d. h. sein Kopf sei fast vollständig von der Bettwäsche umhüllt. Diese List war ein voller Erfolg. Als er ankam, erklärte ich dem Krankenpfleger, dass Leutnant —— sehr starke Kopfschmerzen habe und gerade eingeschlafen sei, und dass ich ihm, wenn er wolle, die Medizin sofort geben würde, wenn er aufwache, da es sehr schade wäre, ihn zu stören. Der Krankenpfleger, der seine Arbeit nur zu gern zu Ende bringen wollte, stimmte eifrig zu. Die Plätze der anderen Russen, die ebenfalls entkommen waren, wurden von ihren zurückgebliebenen Kameraden auf folgende Weise eingenommen. Da jedes Schlafzimmer durch eine Holzwand geteilt war, konnte man ganz einfach einen Durchgang schaffen, durch den ein Mann schleichen konnte. Wenn nachts der Ruf kam, meldeten sich die Russen zuerst in ihrem eigenen Zimmer, schlüpften dann leise durch den vorbereiteten Durchgang und meldeten sich dann im Nebenzimmer bei den Namen ihrer Kameraden.

Am nächsten Morgen kam der Unteroffizier von Boche ins Krankenhaus und verlangte die Unterschrift von Leutnant —— auf einem Geldscheck, der gerade von zu Hause eingetroffen war. Wieder vertröstete ich ihn und sagte dem Ordonnanzoffizier, er würde eine schwere Verantwortung übernehmen, wenn er den Leutnant in seinem gegenwärtigen Zustand weckte, wobei ich auf seinen anscheinend schlafenden Körper im Bett zeigte. Die List gelang wieder, aber ich muss sagen, dass ich dachte, es sei alles vorbei.

An diesem Abend versammelten sich etwa dreißig Russen im Musikzimmer und versuchten ebenfalls ihr Glück. Sie gingen jedoch so töricht vor, dass sie die Aufmerksamkeit der Wachen im Gebäude erregten, und bevor ein Dutzend von ihnen durch das Loch gekrochen war, war der Verdacht der Boches geweckt . Es wurde eine Razzia im Raum durchgeführt, und natürlich wurde alles entdeckt. Wie ich jedoch bereits sagte, waren einige von ihnen bereits entkommen. Die Boches führten eine hastige und hektische Suche in der unmittelbaren Umgebung des Lagers durch. Meine Mitgefangenen beschrieben, was sie vom obersten Stockwerk der Fabrik aus sehen konnten – wie die Wachen mit großen Öllampen von einem Busch zum anderen rannten, in dem lächerlichen Versuch, Gefangene zu finden, die unter etwa zwei Fuß hohen Büschen versteckt waren, während dichte Deckung in Form von kilometerlangen Wäldern das ganze Lager umgab. Die Boches hatten auch eine ganze Brigade an Führketten angebundener Hunde zur Hilfe, aber sie schienen ebenso nutzlos wie ihre Herren.

Alle, die entkamen, wurden jedoch schließlich gefangen genommen. Tatsächlich ist es sehr zweifelhaft, ob die erste Gruppe, zu der auch Leutnant —— gehörte, überhaupt wieder gefangen worden wäre, wenn die andere Gruppe etwa eine Woche gewartet hätte, bevor sie dasselbe versuchte; aber da sie denselben Weg wie die anderen nahmen, führten sie die Boches nur direkt auf die Spur der ersten Gruppe, die das Spiel kaum spielte. Jeder wieder gefangene Offizier wurde ins Lager zurückgebracht, durfte aber bei keinem Kriegsgericht seiner Offizierskollegen anwesend sein. Sie wurden zu unterschiedlich langen Haftstrafen verurteilt und alle in Zellen im Zivilgefängnis der Stadt Münden gesperrt .

KAPITEL IV

UNSER ÜBERZUG NACH BISCHOFSWERDA

ETWA drei Wochen nach den gerade beschriebenen Ereignissen wurden alle britischen Offiziere aus Münden abgezogen . Wie dies geschah und auf welche Weise es zustande kam, dürfte den Leser interessieren. Es gelang uns, den amerikanischen Botschafter, Herrn Gerard, dem alle britischen Gefangenen immer zu Dank verpflichtet sein werden, über unseren Zustand zu unterrichten. Ich schrieb nach Hause, schilderte den wahren Zustand des Lagers und bat die Behörden, einen Inspektionsbesuch des amerikanischen Botschafters zu veranlassen. Dies dauerte etwa drei Monate, da unsere Briefe lange in der deutschen Zensurbehörde hingen. Etwa Mitte April 1915 wurden wir von Herrn Gerard persönlich besucht, der ihn vom ranghöchsten britischen Offizier durch das Lager führte und sich alle abscheulichen Einzelheiten selbst ansah. Das Ergebnis seiner Schilderung bei den deutschen Behörden in Berlin war unsere Abschiebung aus diesem pestilenzialischen Ort am 28. April. Bevor wir abreisten, wurde das Wetter, da wir bereits mitten im Frühling waren, von Tag zu Tag wärmer, und infolgedessen gerieten die sanitären Verhältnisse rasch in einen schockierenden Zustand. In den vergangenen Wochen erkrankten Russen plötzlich und wurden immer sehr leise auf abgedeckten Tragen weggebracht. Da sie nicht im Krankenzimmer des Lagers lagen, fragten wir den Krankenwärter, was los sei. Er sagte: „Ich weiß es nicht, aber sie sind ins Typhus-Krankenhaus gekommen."

Ich werde mich immer an die Reise zu unserem neuen Lager in Bischofswerda erinnern und daran, wie voller Hoffnung wir in der Nacht des 27. April den Befehl erhielten, unsere Sachen und Kleidung einzupacken, damit wir am nächsten Morgen um 4.30 Uhr abreisen konnten. Das Packen dauerte nicht sehr lange, denn unser einziger Besitz waren unsere Kleider, einige wertvolle Konservendosen und ein paar ebenso wertvolle Bücher. Als wir uns am nächsten Morgen im Hof versammelten, stellten wir fest, dass wir etwa zweihundert Mann waren – vierzehn Briten, der Rest bestand aus Franzosen, Russen und einigen Belgiern.

Die Reise nach Bischofswerda verlief mehr oder weniger ereignislos, abgesehen davon, dass wir statt in Viehwaggons in Abteilen der vierten Klasse saßen, was nach unseren letzten Erfahrungen ein äußerster Luxus war, und dass wir unterwegs zweimal den Zug verließen und eine Essensration erhielten, die nicht allzu schlecht war. Wir wurden vom verantwortlichen Offizier, dem zweiten Kommandanten des Lagers in Münden , der sich den Gefangenen gegenüber immer höflich verhalten hatte, anständig behandelt.

Leider war er nur der zweite Kommandant. Wäre er Kommandant gewesen, wäre das Leben dort sehr viel einfacher gewesen.

Wir erreichten den Bahnhof Bischofswerda gegen elf Uhr abends und marschierten zum Lager, das anderthalb Meilen entfernt am Stadtrand lag . Bei unserer Ankunft dort wurden wir von unserem neuen Kommandanten sehr grob begrüßt, aber der Ort war so schön sauber und luftig, dass wir ihn nicht beachteten. Unsere Veränderung war sicherlich sehr zum Besseren. Bischofswerda mit seinen langen Steinkorridoren erschien uns wie das Paradies. Der deutsche Offizier, der uns dorthin gebracht hatte, verabschiedete sich sofort, nachdem er seine Aufgabe dem neuen Kommandanten übergeben hatte, und wünschte uns sehr freundlich viel Glück in unserer neuen Bleibe.

Gegen zwei Uhr morgens wurden uns allen unsere Zimmer zugeteilt, und als wir diese sahen, gratulierten wir uns erneut zu unserer Rettung aus Münden . Das Lager war eine brandneue Kavalleriekaserne. Die Quartiere waren gut geplant und wunderbar sauber. Wie sehr haben wir die Sauberkeit nach Münden geschätzt ! Die sanitären Anlagen waren ausgezeichnet – Abflüsse usw., außerdem eine gute große Duschkabine mit Steinfliesen und sowohl heißem als auch kaltem Wasser. Natürlich war das heiße Wasser auf eine bestimmte Anzahl von Minuten begrenzt. Eine gute Kantine, ein Speisesaal und ein großer Raum, der in eine Kapelle für die verschiedenen religiösen Gottesdienste umgewandelt wurde und auch als Musikzimmer genutzt wurde; außerdem ein kleiner Raum, der als Kranken- und Sprechzimmer diente – all dies befand sich im Erdgeschoss, während die Schlafräume im zweiten, dritten und vierten Stock waren. Den Schlafräumen wurden jeweils Ordonnanzen zugeteilt. Das klingt ziemlich nett, aber wenn man nur eine Ordonnanz für jeden Raum mit acht bis zehn Offizieren hat und diese Ordonnanz gleichzeitig wegen der Boches allgemein müde ist, ist das nicht so gut , wie es klingt. Unsere Pfleger mussten die Korridore, Gänge und Treppen schrubben, Kartoffeln schälen, den Speisesaal bedienen und alle anderen Arbeiten erledigen, die die Boches erledigt haben wollten.

Bei der Inspektion – oder *Appell* , wie der Appell genannt wurde – stellten wir fest, dass uns am Vortag etwa dreißig kürzlich gefangen genommene Kanadier vorausgegangen waren, von denen wir gierig die neuesten Nachrichten von der Front und aus der alten Heimat aufsaugten und hocherfreut feststellten, dass die Dinge im Allgemeinen nicht ein Tausendstel so schlimm waren, wie man uns dargestellt hatte. Der Leser muss nicht glauben, dass wir alles geschluckt haben, was man uns erzählte; aber wenn man Monat für Monat keine Nachrichten über die wahre Lage aus der Heimat hört, ist es unmöglich, für immer optimistisch zu bleiben – obwohl wir in den folgenden Jahren, als Woche auf Woche kein erkennbarer Fortschritt seitens der Entente verlief, dennoch optimistisch blieben, wenn auch von gelegentlichen Anfällen von Depression; aber der Grundton bei uns war immer *„les aura"*.

Nachdem wir alle Neuigkeiten gehört hatten, gingen wir in die Kantine und stellten zu unserer großen Freude fest, dass wir unter anderem ein kleines Brötchen Weißbrot und auch Eier kaufen konnten; eigentlich konnte man zu dieser Zeit fast alles bekommen, wenn man es am Vortag bestellte – Eier, Fleisch, Butter, Brot, Salat und viele andere Kleinigkeiten. Natürlich zahlte man dafür horrende Preise; aber wir konnten Essen kaufen, das war alles, was wir wollten – außerdem wurde das Essen aus der Küche auf sauberen Tellern und in sauberem Kochgeschirr serviert. Wir waren tatsächlich in den Schoß der Götter gefallen. Ein ziemlich großer Teil der eigentlichen Ration war essbar, wenn auch äußerst eintönig; das Brot hatte eine hellbraune Farbe und war, obwohl ziemlich klebrig und schwammig, eine große Verbesserung gegenüber dem schrecklichen Brot in Münden . In der Trockenkantine konnte man fast alles kaufen, solange man bereit war, dafür zu bezahlen – ziemlich gute Zigaretten, Notizbücher und Schreibmaterial, Toilettenartikel, Liegestühle, eigentlich die meisten Dinge, die ein Gefangener brauchen konnte. Kurze Zeit nach unserer Ankunft produzierte die Kantine sogar Wein und Brandy. Der Wein war zunächst durchaus trinkbar, wurde aber bald immer schlechter, bis er nichts weiter als gesüßter Schnaps war, der sich sehr schlecht auf den Magen auswirkte. Der Brandy war bald aufgebraucht, woraufhin angeordnet wurde, ihn nicht mehr zu verkaufen. Gegen August 1915 konnten wir gelegentlich Wild und Rebhuhn kaufen und zu besonderen Anlässen, wie Weihnachten 1915, eine Gans, deren Preis bei etwa zehn Schilling pro Pfund lag, aber immer noch den Preis wert war.

Außerhalb des Gebäudes dienten der Exerzierplatz und das Trainingsgelände der Kavallerieschule, die durch zwei Reihen Drahtzäune von etwa acht Fuß Höhe abgesperrt waren, den Gefangenen als Übungsplatz. Zwischen den beiden Reihen von Drahtzäunen waren etwa 35 Yards voneinander entfernt Wachposten postiert. Alle 50 Yards zeigte eine starke, hoch angebrachte Bogenlampe die Pläne eines möglichen Ausbrechers an. Der Exerzierplatz war etwa 90 Yards mal 60 Yards groß und die Reitschule 90 Yards mal 45 Yards. Letztere war mit tiefem Sand bedeckt und diente den Gefangenen als Fußballplatz – sehr hart für ein schnelles Spiel wie Footer, aber dennoch sehr geschätzt. Zunächst wurde der Exerzierplatz nur zum Spazierengehen genutzt, aber nach viel Überredungskunst und Kosten bauten die Briten zwei Tennisplätze aus Hartbelag. Ich habe vergessen, wie hoch die Kosten waren, obwohl ich als Sekretär des Clubs fungierte, aber es waren ungefähr 3.000 Mark pro Person oder 300 Pfund für zwei, obwohl fast die gesamte Arbeit von den Offizieren selbst geleistet wurde. Nur zwei sehr alte Männer und ein kleiner Junge leisteten den Arbeitsbeitrag der Boche , und diese verbrachten ihre Zeit hauptsächlich mit Essen, so schien es uns zumindest. Wir bekamen jedoch die Gerichte, und das war die Hauptsache.

Der Tagesablauf in Bischofswerda war im Allgemeinen wie folgt: *Appell* (oder Appell) um 6.45 Uhr draußen auf dem Exerzierplatz; dann Frühstück um 8 Uhr, bestehend aus einer Tasse heißen Kaffees, sagen wir dritter Klasse, und einem kleinen Brötchen Weißbrot, das ganz gut war; gefolgt vom Abendessen, das zwischen 11.30 und 12.30 Uhr in drei verschiedenen Gruppen serviert wurde, wobei für jede Sitzung nur zwanzig Minuten zur Verfügung standen, einschließlich Abräumen und Vorbereiten für die nächste Sitzung. Dies lag an der begrenzten Größe des Speisesaals, der nur etwa 12 mal 9 Meter maß und damit zu klein war, um 350 Offiziere aufzunehmen. Das Abendessen bestand in der Regel aus etwas Hackfleisch, eingewickelt in gekochten Kohl, serviert mit sehr ekligem Sauerkraut. Das Fleisch war gut, aber da es fast jeden Tag auf diese Weise zubereitet wurde, wurde es ziemlich eintönig. Manchmal bekamen wir als Nachtisch etwas Kompott (das klingt ganz nett, war es aber nicht) oder ein wenig Käse, was immer gut war, außerdem zwei Scheiben deutsches K-Brot oder Schwarzbrot, recht nahrhaft, obwohl ich es persönlich nie mochte. Das Abendessen gab es um 19.30 oder 20.30 Uhr und bestand aus einer Art kalter Wurst, zwei weiteren dünnen Scheiben Schwarzbrot und einem kleinen Stück Margarine. *Appell* rundete den Tag um 21.30 Uhr ab.

Der Leser mag die Rationen weder für sehr gut noch für sehr schlecht halten, je nachdem, was seiner Meinung nach gefangene Offiziere bekommen sollten. Er sollte jedoch bedenken, dass der Offizier diese Ration monatlich bezahlt, nämlich 5 Pfund für einen Hauptmann und 3 Pfund für einen Unteroffizier. Trotzdem war es meiner Meinung nach möglich, von den Rationen in ihrer Zusammensetzung von 1915 in Bischofswerda zu leben . Wie auch immer das Essen aussah, die Tatsache, dass es sauber serviert wurde, war die halbe Miete. Gleichzeitig muss man verstehen, dass die deutschen Rationen nach Oktober 1915 nicht so blieben, da die Zuteilung von Fleisch, Kartoffeln und Brot für Häftlinge schrittweise abnahm, bis die wöchentliche Fleischration auf 75 Gramm oder etwa 2 ⅔ Unzen sank, wobei die Kartoffeln im gleichen Verhältnis abnahmen. Das Brot behielt sein Gewicht, war jedoch von minderer Qualität.

Der Kommandant ärgerte und amüsierte uns abwechselnd, obwohl er im Großen und Ganzen noch viel schlimmer hätte sein können, und er war normalerweise ziemlich vernünftig, wenn er nüchtern war, was er meines Erachtens am Wochenende nie war. Wenn er an der Parade am frühen Morgen teilnahm, schrie und brüllte er sich heiser und rief uns: „ Schweinehunde , alle der Englander sind Schweinehunde , meine Herren " (Alle englischen Offiziere sind Schweinehunde). In letzter Zeit ließ er damit nach, da wir uns nach einem Besuch der amerikanischen Kommission über

Beleidigungen bei der Parade beschwerten. Er wurde vom Hauptquartier aus ziemlich heftig beschossen.

Alles in allem hätten wir, wie ich bereits sagte, einen viel schlechteren Kommandanten haben können, denn sein Bellen war immer schlimmer als sein Biss. Der Mann, der als Dolmetscher für die britischen Offiziere fungierte, trug nicht dazu bei, unseren Umgang mit dem Kommandanten zu erleichtern, da er sowohl ein Schwein als auch ein Idiot war, kaum Englisch sprechen konnte und uns bei jeder möglichen Gelegenheit direkt beleidigte, obwohl er nur ein einfacher Soldat war. Obwohl Hunderte von Beschwerden an den Kommandanten geschickt wurden, wurde nie davon Notiz genommen.

Eines Tages erhielt ich von zu Hause die Zeitschrift *Der Hauptmann* . Den Vorschriften zufolge musste sie vom Dolmetscher zensiert werden, bevor sie von dem Offizier, an den sie gesandt wurde, empfangen werden konnte. Nachdem eine Woche vergangen war, bat ich natürlich den Dolmetscher darum. Seine Antwort war, dass ich sie nicht haben dürfe, da sie einen Kriegsbericht enthalte: was durchaus stimmte – sie handelte vom napoleonischen Feldzug! Meine Antwort auf diesen vergeblichen Einwand war „Verdammt!“ Am nächsten Tag wurde ich vor den Kommandanten geführt und zu 24 Stunden Gefängnis verurteilt, weil ich „Gott verdamme die deutsche Nation“ gesagt hatte, was die Interpretation meines „Verdammtseins“ war, das der Dolmetscher dem Kommandanten gegeben hatte. Obwohl einer der ranghöchsten Feldoffiziere, der perfekt Deutsch sprach, in meinem Namen zum Kommandanten ging und erklärte, dass „Verdammtsein“ nichts dergleichen bedeute, weigerte er sich, das Wort seines Dolmetschers anzuzweifeln, und ich saß meine 24 Stunden ab! Tatsächlich waren die 24 Stunden eine ziemlich ruhige Ruhe, und ich genoss sie ziemlich; aber die eklatante Ungerechtigkeit dieser Sache war ein typisches Beispiel dafür, was ein Offizier ertragen musste.

Wir konnten diesen Dolmetscher jedoch schließlich entfernen, hauptsächlich, weil der oben genannte Fall der amerikanischen Kommission bei ihrem nächsten Besuch zur Kenntnis gebracht wurde. Aber wir kamen nur vom Regen in die Traufe, denn wir bekamen einen anderen Dolmetscher, diesmal in Gestalt eines Offiziers, der sich als viel schlimmer herausstellte. Manchmal tut mir dieser letztere leid, denn nach dem Krieg warten zwei oder drei französische Offiziere und ein halbes Dutzend Briten auf ihn, und dann, denke ich, wird er nicht lange auf sich warten lassen. Etwa zu dieser Zeit wurden alle Offiziere erneut zur Impfung aufgefordert, sowohl gegen Typhus als auch gegen Cholera, aber die Operation wurde auf viel sanftere Weise durchgeführt als beim letzten Mal.

KAPITEL V

MEINE REISE NACH CLAUSTHAL

UM die allgemeine Einstellung zur Behandlung britischer Gefangener darzulegen, muss ich, wenn auch ungern, persönlicher werden und die Art und Weise schildern, wie meine Wunden behandelt wurden. Schließlich beurteilt man Menschen nach seinen persönlichen Erfahrungen mit ihnen, und niemand kann für die Meinungen anderer verantwortlich sein. Bei meiner Ankunft aus Münden war mein Knöchel praktisch wieder in Ordnung, aber die Schmerzen in meiner Brust wurden von Tag zu Tag schlimmer. Außerdem bekam ich Abszesse, und als es mir am schlimmsten ging, hatte ich acht auf einmal. Diese Abszesse waren, da ich nie zuvor so etwas gehabt hatte, wahrscheinlich auf das schlechte Essen in Münden und den sehr schlechten Zustand zurückzuführen, in den ich mich aufgrund der starken Schmerzen und des sehr geringen Schlafs über mehrere Monate hinweg gebracht hatte. Als wir jedoch in Bischofswerda ankamen , das im Vergleich zu anderen Lagern in Deutschland in vielerlei Hinsicht ein so ausgezeichnetes Lager war, war dort kein Arzt. Ein Arzt erschien einmal in etwa vierzehn Tagen, und dann hatte er selten Zeit, mich zu besuchen, obwohl ich zu der Zeit ziemlich bettlägerig war. Nachdem ich etwa sechs Wochen dort gewesen war, bekam ich etwas Aufmerksamkeit von einem französischen Arzt, der gefangen genommen worden war; da er jedoch nur sehr wenige Medikamente bekommen konnte, konnte er nicht viel tun.

Ende Juni lag ich noch im Bett, bevor mich der deutsche Arzt besuchte. Ich war damals fast frei von Abszessen, da ich mich fast ausschließlich von Salat und Grünfutter ernährt hatte, das ich in der Kantine kaufen konnte; aber seine Diagnose bezüglich der Schmerzen in meiner rechten Seite, meinem Rücken und meiner Brust war Rheuma, da die Rippen, die so schlimm zertrümmert worden waren, in einem sehr empfindlichen Zustand sein mussten. Er konnte sich die Menge Blut, die ich täglich mit meinem Auswurf hochbrachte, nicht erklären, sagte aber, es sei nichts und ich wolle nur aufstehen und herumlaufen. Nun, ich bin kein Arzt, also nehme ich an, dass er sein Handwerk verstand, und obwohl ich sehr schwach war, bemühte ich mich und ging allmählich wie jeder andere im Lager umher. Im Juli begann ich, Tennis zu spielen, stellte aber bald fest, dass jede Art heftiger Bewegung dazu führte, dass ich weitaus größere Mengen Blut hochbrachte, abgesehen von den großen Schmerzen. Während dieser ganzen Zeit konnte ich weder auf der rechten Seite liegen noch schlafen, und manchmal konnte ich es nicht einmal ertragen, meine Tunika zuknöpfen zu lassen. Kurz nachdem mir der Arzt geraten hatte, aufzustehen und umherzugehen, gab er mir ein Mittel gegen Rheuma – Aspirin, glaube ich.

Ende Juli 1915 verließ dieser Arzt das Lager und es wurde ein ständiger Arzt ernannt, der das Lager täglich zwischen 10.30 und 12.30 Uhr besuchte, sonntags ausgenommen. Zu ihm trug ich meine Schmerzen und Wehwehchen. Ohne mich zu untersuchen, suchte er den Bericht des letzten Arztes heraus und sagte: „Oh ja – Rheuma und Gicht"; er sagte, das Blutspucken sei nichts und ich solle mich nicht zu sehr anstrengen ; und obwohl ich ihn alle paar Tage ab und zu besuchte, bekam ich nie eine Gegenleistung von ihm .

Etwa zu dieser Zeit traf ein Reisender einer großen Kamerafirma im Lager ein, und mit Erlaubnis des Kommandanten wurden mehrere Befehle erteilt, da viele der Offiziere nicht nur sehr leidenschaftlich gerne fotografierten, sondern auch einige Schnappschüsse von Alltagsszenen in unserem Gefangenenlager machen und nach Hause schicken wollten. Drei andere Kameraden und ich kauften eine wirklich gute Spiegelreflexkamera, und es wurden viele sehr gute Fotos damit gemacht. Leider traf die Kamera, soweit es mich betraf, erst am Tag vor meiner Abschiebung ein.

Am 3. September 1915 wurde mir befohlen, meine Lastwagen zu packen, da ich zur medizinischen Behandlung nach Clausthal im Harz gebracht wurde, und am nächsten Morgen fuhr ich mit Sack und Pack unter Bewachung eines Offiziers und eines Mannschaftskameraden nach Clausthal . Ich hatte eine sehr angenehme Fahrt über Dresden, Leipzig, Münden und Halle nach Clausthal , das im Harz liegt und von einer sehr hübschen Landschaft umgeben ist. Wir verbrachten die erste Nacht in Münden und erreichten Clausthal am nächsten Tag. An einem Bahnhof zwischen Leipzig und Münden stiegen wir in ein anderes Gleis um. Der deutsche Offizier brachte mich in einen der Warteräume für Männer, bestellte etwas zu essen, stellte einen Wachmann auf mich und verließ uns – wahrscheinlich, um selbst irgendwo ein ordentliches, kräftiges Abendessen zu essen. Kurz nachdem er gegangen war, kam ein Trupp von etwa zwölf französischen Tommys unter Bewachung herein, die sehr zerzaust und elend aussahen. Sie mussten sich in eine Ecke auf den Boden setzen und sahen so abgezehrt und dünn aus, dass ich beschloss, ihnen, wenn möglich, zu helfen, falls sie aus Geldmangel nicht genug zu essen hätten. Also ging ich zu ihnen und sprach mit ihnen, wurde aber sofort vom Wärter unterbrochen, der mir erklärte, dass jegliche Art der Kommunikation zwischen den Gefangenen *verboten sei* .

Ich setzte mich wieder an den Tisch und begann, das Problem zu lösen, und nach einiger Zeit hatte ich es gelöst. Kurz bevor ich Bischofswerda verließ , hatte mir ein russischer Offizier, der mit mir im Krankenzimmer war, eine Schachtel russischer Zigaretten gegeben, und glücklicherweise hatte ich sie in meiner Tasche. Jeder weiß, dass russische Zigaretten ein hohles Mundstück von etwa 1 1/4 Zoll Länge haben. Ich riss einen Fünfzigmarkschein in zwei Hälften, rollte die beiden Hälften sorgfältig in die Form und Größe des

Mundstücks und steckte die Stücke in das Mundstück von zwei Zigaretten. Dies dauerte eine Weile, da meine Hände unter dem Tisch arbeiten mussten, während ich anscheinend mein Buch las, das aufgeschlagen auf dem Tisch lag. Als die Zigaretten fertig waren, füllte ich mein Etui mit russischen Zigaretten und bot jedem der Wächter eine an, wobei ich meinen Daumen vorsichtig auf den beiden vorbereiteten Zigaretten hielt. Die Wächter nahmen sie mit Begeisterung an. Als sie angezündet waren, bat ich um Erlaubnis, den französischen Gefangenen einige davon zu geben, und da sie sie selbst angenommen hatten, konnten sie kaum ablehnen. Ich verteilte zwei oder drei; Dann bot er die beiden anderen im Koffer dem intelligentesten an und sagte dabei „Cherchez". Zu meinem Entsetzen sah er völlig ausdruckslos aus. Aber als der deutsche Offizier zurückkam, um mich abzuholen, stand er auf, salutierte und sagte: „Au revoir, mon lieutenant, et merci beaucoup." Der Offizier konnte glücklicherweise kein Französisch und fragte mich, was er gesagt hatte. Ich antwortete: „Nur ein respektvoller Gruß von einem Gefreiten an einen Offizier."

Ich muss kurz innehalten, um unsere Ankunft in Münden zu beschreiben , denn es war ein phänomenaler Anblick für mich. Als wir uns unserem alten Gefängnis näherten, sah es noch genauso aus wie damals, als wir es im April verließen, aber als ich es betrat, stand mir eine Offenbarung bevor. Zunächst einmal war der Speisesaal gründlich aufgeräumt, viele neue Tische und Stühle wurden aufgestellt, die Tische mit weißem Wachstuch bedeckt und an den Wänden hingen Bilder von verschiedenen russischen Offizieren, die Künstler waren. Danach besuchte ich die britischen Offiziere und fand vier neue vor, die kürzlich gefangen genommen worden waren. Aber das Zimmer! Wunder über Wunder! Es gab Kommoden, einen Kleiderschrank, zusätzliche Tische und Stühle, nur fünf oder sechs Betten in Zimmern, in denen zu unserer Zeit neun waren, und nur neun in Zimmern, in denen siebzehn waren! Aber als ich in den Hof hinausging, fiel ich vor Überraschung fast in Ohnmacht. Zunächst einmal gab es einen langen Holzschuppen, der vom Speisesaal abzweigte, errichtet vom amerikanischen YMCA, und sehr komfortabel mit Tischen und Stühlen ausgestattet. Dieser Raum diente an nassen Tagen als eine Art Freizeitraum. Aber der Hof! Was einst ein schlammiges Durcheinander aus Schlamm und ein paar Bäumen gewesen war, wurde in einen prächtigen Garten verwandelt; hier und da verliefen prächtige Wege, und ich habe in Hampton Court viele Blumenbeete gesehen, die denen in Munden , die gut gepflegt und kunstvoll angelegt waren, nicht ebenerdig standen. Um das Ganze abzurunden, wurde der Hof vergrößert, indem man im Boden Drähte für zwei Tennisplätze verlegte, die auf Kosten von Boche angelegt wurden , ebene Aschenplätze mit einer guten Walze und allem anderen Zubehör, das für einen Hartplatz notwendig ist. Außerdem wurden eine Kantine und ein Lagerraum errichtet, beides unter der Leitung der

Offiziere, und alles lief sehr reibungslos und zufriedenstellend. Ich habe sogar ein paar Eier gesehen.

Meine Leser müssen mir verzeihen, dass ich von meiner Geschichte abweiche, aber es war für mich eine verblüffende Offenbarung zu sehen, was man aus einem wirklich schlimmen Lager wie Münden machen konnte , und ich möchte besonders darauf aufmerksam machen, da dies ganz und gar auf Veranlassung des amerikanischen Botschafters geschah und so deutlich die Bemühungen gewisser deutscher Kreise verdeutlichte, auf die Amerikaner einen guten Eindruck zu machen. Es war von Anfang bis Ende alles Augenwischerei - Augenwischerei für die Amerikaner. Was die Latrinen betraf, waren sie nicht besser. Niemand konnte sie ändern, obwohl selbst dort der Unterschied sehr deutlich war, da Münden zu dieser Zeit nur zwischen fünf- und sechshundert statt über tausend Gefangene beherbergte.

Um den Bericht über meine Reise nach Clausthal fortzusetzen : Der Offizier und sein Unteroffizier waren außerordentlich höflich und sehr rücksichtsvoll und beschossen einige Zivilisten heftig, die mich verhöhnten und wie üblich „Schweinhund!" riefen . Auf dem Weg nach Leipzig, wo wir zu Mittag aßen, gab es eine lustige Episode. Auf dem Tisch stand eine Flasche Worcestersauce , auf deren bedrucktes rotes Etikett die Worte „ Gott strafe England" aufgeklebt waren. Ich hätte fast geweint vor Lachen – echte Worcestersauce aus England und „ Gott strafe England!" Das ist einer der besten Witze, die ich je gehört habe. Als ich den Offizier darauf aufmerksam machte, verstand er den Witz nicht.

Ich frage mich, ob sich der Leser daran erinnert, dass ich meine Reise in Deutschland verwundet in einem Viehtransporter antrat. Von den Viehtransportern wurden wir in Waggons der vierten Klasse befördert und jetzt in die der zweiten Klasse. Später werde ich erzählen, wie wir gelegentlich in der ersten Klasse reisten. Das war im Einklang mit allem anderen. Gefangene, die im Frühjahr 1915 gefangen genommen wurden, murrten über ihre Behandlung. Wären sie 1914 gefangen genommen worden, hätten sie mehr zu beklagen gehabt. Während meiner gesamten Gefangenschaft war eines absolut klar: Je länger der Krieg dauerte und je weiter die Hoffnung auf einen endgültigen Sieg aus den Köpfen der Deutschen verschwand, desto besser wurden ihre Gefangenen behandelt. Ich beziehe mich nicht auf Lebensmittel, denn obwohl sie uns 1915 erlaubten, Lebensmittel zu kaufen, können sie das jetzt nicht mehr, da sie keine Lebensmittel zum Verkauf haben. Sie können nicht geben, was sie nicht haben; aber als die Boches im Februar und März 1916 dachten, sie würden bei Verdun durchbrechen, war es für die Gefangenen sehr hart und unbequem. Andererseits brachte uns unser Sieg an der Somme allerlei kleine Zugeständnisse ein.

Der Boche ist vor allem ein Tyrann. Wenn er gewinnt, dann tyrannisiert er; wenn er verliert, dann ist er höflich und schmierig. Eine gute Vorstellung von ihrer Kleinlichkeit zeigt die Tatsache, dass sie uns 1915 erlaubt hatten, in Bischofswerda Karten zu kaufen , auf denen die tatsächlichen Kampffronten in Europa und im Osten verzeichnet waren. Diese wurden jedoch konfisziert, als die Offensive an der Somme erfolgreich zu sein schien. Dies geschah, damit die Gefangenen nicht die Genugtuung hatten, die britischen und französischen Gewinne auf den Karten einzutragen, auf denen wir den Kampf in der üblichen Weise mit Wolle und kleinen durchgesteckten Flaggen festgehalten hatten. Einige Monate nach dem Vormarsch an der Somme, als die Nachrichten für die Gefangenen kein aufheiterndes Stärkungsmittel mehr waren, wurden diese Karten zurückgegeben, seltsamerweise zu einem Zeitpunkt, als die Boches einen kleinen, aber erfolgreichen Gegenangriff durchgeführt hatten. Diese Beschlagnahmung von Karten kam mehr als einmal vor, aber zum großen Missfallen der Boches munterte es uns jedes Mal sehr auf, da wir davon überzeugt waren, dass die Ursache darin liegen musste, dass die Alliierten irgendwo einen Vorteil erlangt hatten, auch wenn die deutschen Zeitungen möglicherweise keine Nachricht davon brachten.

Als wir am Bahnhof in Clausthal ankamen , stand tatsächlich ein Taxi bereit, das uns zum Lager brachte! Diese fürstliche Behandlung verblüffte mich fast. Natürlich wurde ich als Invalide zur Behandlung nach Clausthal geschickt , also hätte ich es vielleicht als selbstverständlich hinnehmen sollen; aber unsere bisherigen Erfahrungen ließen es nicht erwarten, auf irgendeine Art menschliche Behandlung zu blicken. Ich musste sehr viel für das Taxi bezahlen. Das Lager in Clausthal entpuppte sich als ein altes Hotel, eines der Beispiele deutscher Architektur, die man in diesem Teil Deutschlands so oft sieht, protzig und notdürftig gebaut. Ein Garten, umgeben von den üblichen Drahtzäunen und Wachpatrouillen, umschloss einen mehr oder weniger quadratischen Übungsplatz von etwa hundert Metern Länge. Mehr als die Hälfte des Hotels wurde von einem großen Gerichtssaal mit einer kleinen Bühne eingenommen. Dies war der Biergarten des Hotels und wurde als allgemeiner Speisesaal und Kantine genutzt , wo alle Mahlzeiten serviert wurden und wo die Gefangenen ihre Zeit verbrachten, wenn sie drinnen waren. Der verbleibende Teil des Hotels war in Schlafzimmer unterschiedlicher Größe und Komforts unterteilt.

Im Großen und Ganzen war Clausthal vielleicht eines der besten Lager in Deutschland, obwohl es Bischofswerda sicher nicht ebenbürtig war. Gleichzeitig waren der Kommandant und das Personal im Allgemeinen immer sehr höflich und korrekt und nicht so beleidigend und tyrannisch wie in Bischofswerda . Entlang einer Seite des oben beschriebenen Speisesaals verliefen mehrere Holzwände, die mehrere Teestuben bildeten und offensichtlich aus Gründen der größeren Privatsphäre errichtet worden waren. An Seilen hängende Vorhänge schirmten diese Logen vor den vulgären Blicken der Leute in der Mitte des Saals ab. Diese Logen dienten einer Anzahl Offiziere als Schlafzimmer, jeweils vier in einer Loge. Eine dieser Logen wurde mir zugeteilt, und es war ein sehr kalter und fürchterlich zugiger Platz. Ich traf dort über zwanzig britische Offiziere an, die sich bei meiner Ankunft sofort auf mich stürzten, um die neuesten Neuigkeiten zu erfahren. Als sie jedoch herausfanden, dass ich wie sie selbst ein 1914er war, erhob sich ein verzweifeltes Stöhnen. Am nächsten Morgen sah ich den Kommandanten, der nicht zu wissen schien, woher ich kam, also musste ich ihm erklären, dass ich zu einer Behandlung gegen Rheuma und Gicht geschickt worden war, die mich in der Gegend meiner Wunde befiel. „Was!", sagte er, „ Sie sind wegen Rheuma hierhergekommen!" und lachte sarkastisch. „Sie könnten dafür an keinen schlechteren Ort kommen. Wir haben hier keinerlei Behandlung – noch nie. Es gibt hier nicht einmal ein Krankenhaus, nur ein Krankenzimmer, das ein Arzt aus der Stadt täglich für eine halbe Stunde besucht; aber Sie sollten den Arzt besser aufsuchen, wenn er heute kommt."

Als ich den Arzt aufsuchte und ihm sagte, der Arzt in Bischofswerda habe bei mir Rheuma diagnostiziert, das sich in der Wunde festgesetzt habe, schien er nicht damit einverstanden zu sein, wollte es aber natürlich nicht sagen. Er meinte lediglich, dass ich seiner Meinung nach operiert werden müsse, um das zu entfernen, was auch immer die Ursache für die Beschwerden sein könnte. Ich habe nicht erwähnt, dass sich am Ende des Übungsplatzes, außerhalb des Zauns, rechts und links zwei kleine Seen erstreckten, die äußerst malerisch waren, aber der Nebel, der nachts und morgens von ihnen aufstieg, war natürlich nicht gerade das Beste für Lungenbeschwerden. Die Folge war, dass ich innerhalb einer Woche nach meiner Ankunft mit einer Art Verstopfung im Krankenzimmer untergebracht war, die immer schlimmer wurde, anstatt besser zu werden, bis der Arzt eines Tages bei den Behörden in Berlin beantragte, mich wieder nach Bischofswerda zu verlegen , von wo ich ursprünglich gekommen war. Die Verlegung dauerte drei Monate, aber schließlich, Ende November, kehrte ich wieder nach Bischofswerda und zu meinen alten Freunden zurück.

Die Hauptbeschwerde in Clausthal war der Mangel an Bädern. Stellen Sie sich ein Hotel ohne Badezimmer vor! Was für dreckige Bestien müssen die Boches sein. Die Offiziere mussten ihre Waschungen, so gut es ging, in großen Blecheimern vornehmen, eine höchst unbefriedigende Art des Waschens. Auch die Toiletten waren für die rund zweihundert Offiziere dort bei weitem nicht ausreichend. Die Folge war, dass sie ständig außer Betrieb waren. Und schließlich, aber sicherlich nicht am wenigsten wichtig, der eingeschränkte Bewegungsspielraum. Nach meiner Flucht nach England sagte einmal ein Herr zu mir: „Oh ja, Clausthal ; ich habe einmal davon gelesen. Ein schönes Lager mit weitläufigem Gelände. Sie hatten dort doch einen Golfplatz, nicht wahr?" „Nun, es gab einen Golfplatz", antwortete ich. „Aber haben Sie je versucht, auf einem Neun-Loch-Platz innerhalb einer Grenze von hundert Quadratyards zu spielen und sich einzubilden, Sie spielten Golf?" Nur Gefangene sind zu einer solchen Philosophie fähig. „Mach das Beste daraus", ist ihr Motto; und das taten sie. Eine morgendliche Runde Golf dort war genauso aufregend, als ob sie in Sunningdale spielten ; aber glauben Sie mir, am Piccadilly Circus könnte man einen weitaus besseren und spannenderen Platz bauen. Dort haben Sie das erste Tee, sagen wir, an der Ecke vor Swan & Edgar's, und einen wirklich schönen Mashie-Schlag über die Reihe der Autobusse, die man dort normalerweise sieht. Wahrscheinlich landen Sie im Brunnen und verlieren einen Schlag, aber schließlich schaffen Sie mit unterschiedlichem Glück das erste Loch im Eingang des Pavillons! Möglicherweise treffen Sie den großen Portier oder den Polizisten. Sie wären sehr wütend, aber nicht so wütend wie ein russischer oder französischer General, der in Clausthal um die verfallenen Blumenbeete schlendert . Sie verabscheuten Golf und schon den Namen, aber die Briten spielten weiter. Oh ja, wir hatten „irgendeinen" Golfplatz in Clausthal !

Der Leser darf nicht denken, dass ich witzig sein will. Das tue ich nicht, aber ich versuche, die Tatsache deutlich zu machen, dass die Leute zu Hause in 99 von 100 Fällen, wenn sie von solchen Annehmlichkeiten wie Golfplätzen usw. in deutschen Gefangenenlagern hören, dazu neigen, zu bemerken, dass die Gefangenen letztlich doch nicht so schlecht behandelt werden. „Na ja, sie dürfen sogar Golf spielen!", was sofort ein Bild von Leuten heraufbeschwört, die durch das Land ziehen und mehr oder weniger Spaß haben. Nehmen wir zum Beispiel die Tatsache, dass ich aus Bischofswerda zur Spezialbehandlung gegen Rheuma und Gicht abtransportiert wurde. Im Oktober 1915 wurde in England offiziell bekannt gegeben, dass ich zur Behandlung ins Harzgebirge gebracht worden war . Augenwischerei, nichts weiter! Was sonst könnte es sein, da wir gesehen haben, dass Clausthal bei der Ankunft ein sehr schlechter Ort für Rheumakranke war und dass sie keine Behandlungsmethode hatten oder jemals hatten? Dennoch wurde eine Liste von Offizieren offiziell über die Schweiz nach England gemeldet, die zur Behandlung dorthin geschickt worden waren. Da ich selbst auf dieser Liste stehe, weiß ich, wovon ich spreche. Die Leute zu Hause dachten und sagten: „Die netten Deutschen schicken ihre Gefangenen sogar ins Harzgebirge , in den schönsten Teil Deutschlands, um sie von ihrem Rheuma zu heilen, die Armen!"

Die Verpflegung in Clausthal war einerseits viel besser als in Bischofswerda , das heißt, die Rationen waren reichlicher, von besserer Qualität und besser gekocht; andererseits konnte man dort aber auch viel mehr Essen bestellen und kaufen. Die Getränke waren in Clausthal jedoch billiger und besser . Ich spreche natürlich von 1915, als wir etwas zu trinken bekommen konnten, wenn der Kommandant es erlaubte. Persönlich kam ich in Clausthal sehr gut mit Essen zurecht , besonders als ich im Krankenzimmer war, da zwei britische Majore mir mein gesamtes Essen zubereiteten und brachten. Ich war darüber sehr aufgeregt , denn es kommt nicht oft vor, dass ein junger U-Boot-Soldat von zwei regulären Majoren bedient wird. Eines Tages hoffe ich, mich für ihre große Freundlichkeit revanchieren zu können.

Zwei oder drei Tage vor meiner Abreise aus Clausthal kaufte ich mir in der Kantine einen großen Sattelkorb, in dem ich all meine Sachen verstauen konnte, denn auf dem Weg von Bischofswerda war meine Kiste ziemlich schlimm beschädigt worden. Ich erwähne den Korb hier, weil ihm eine ziemlich interessante Zukunft bevorstand. Als der Tag meiner Rückkehr nach Bischofswerda kam , hatte einer unserer Offiziere mein Gepäck gepackt, ich verabschiedete mich von einigen der fröhlichsten und besten Kerle, die ich je kennengelernt habe, und ließ mich erneut zum Bahnhof kutschieren. Der Kutscher berechnete mir sieben Mark für eine dreiviertel Meile lange Fahrt; aber ich musste immer noch nicht laufen, also sollte ich wohl nicht murren. Vor der Abreise wurde mein Gepäck wie üblich sehr sorgfältig durchsucht, obwohl der Himmel weiß, welche schreckliche Waffe man mir wohl in die Hände gefallen und versteckt haben wollte.

Die Rückreise verlief mehr oder weniger ereignislos, außer dass ich diesmal einen Unteroffizier und einen Mann als Wache hatte, die beide recht respektvoll waren, mir aber keine große Chance zur Flucht gaben. Wäre ich damals stark genug gewesen, hätte ich sie beide sicherlich auf einmal auf der Reise töten und durch den Wachwagen fliehen können, in dem sich der Wachmann befand. Diesmal reisten wir in der vierten Klasse, wahrscheinlich weil mich kein Offizier begleitete, was beweist, dass Gefangene nicht in der ersten oder zweiten Klasse befördert werden, weil sie Offiziere sind, sondern um es dem deutschen Offizier, der sie begleitete, bequem zu machen. Dieser Wagen der vierten Klasse war auf demselben Wagen aufgebaut wie der Wachwagen, und ich fühlte mich nicht stark genug, um mit zwei von ihnen leise genug fertig zu werden, ohne den Wachmann zu stören. Es war Nacht und stockfinster, der Zug fuhr nur etwa 24 Kilometer pro Stunde, und ich hatte noch nie zuvor eine solche Chance gehabt. Nach meiner langen Zeit im Bett hatte ich jedoch das Gefühl, dass ich die Aufgabe nicht zufriedenstellend bewältigen konnte, da ein Versagen mein Ende bedeutet hätte.

In Leipzig wurde ich in eine der deutschen Privatmessen geführt. Es handelte sich offensichtlich um eine Art allgemeine Messe für Unteroffiziere und Soldaten, da sie mit Soldaten aller Art aus verschiedenen Regimenten gefüllt war, Sachsen, Preußen und Bayern, die alle an verschiedenen Tischen saßen.

Ich verbrachte fast zwei Stunden dort und hatte eine sehr interessante Zeit – interessant aus der Sicht der deutschen inneren Zwistigkeiten. Die Bayern blickten die Preußen und Sachsen finster an und antworteten nicht, selbst wenn einer von ihnen sie ansprach. Zufällig gab es in den Räumen drei lange Tische, von denen nur zwei von den Sachsen und der andere von den Bayern besetzt waren. Mein Wächter führte mich zu ihrem Tisch und bestellte etwas Essen für mich. Etwas später kamen mehrere Preußen herein, sahen sich den Tisch der Sachsen und Bayern an, sahen viele freie Plätze, besprachen aber offen, dass sie nicht mit diesen Kerlen am selben Tisch essen würden. Als sie mich am dritten Tisch sitzen sahen, kamen sie herüber, salutierten und baten um Erlaubnis, Platz nehmen zu dürfen, was ich ihnen natürlich herzlich gewährte; einer von ihnen sprach mich sogar an und fragte, wann ich gefangen genommen worden sei. Man hätte meinen können, wenn sie schon etwas gegen den Anblick von Bayern und Sachsen hatten, würden sie vor Wut schäumen, wenn sie einen der verhassten Engländer in ihrer eigenen Kasino sehen würden; aber nein.

kamen wir in Bischofswerda an . Am nächsten Tag fand ich alles fast genauso vor wie vorher, nur dass die Ration, die die Boches uns gaben , während meiner Abwesenheit stark abgenommen hatte, ebenso die Menge und Vielfalt der Lebensmittel, die wir vorher kaufen konnten. Eier waren völlig verschwunden und das Brot war sehr verdorben. „Ha, ha!" dachte ich, „ die Boches spüren die Not der Herrin der Meere", also verzichteten wir fröhlich auf die Dinge, die wir hatten. Die Pakete von zu Hause kamen jedoch in Vorbereitung auf Weihnachten gut an, sodass wir im Großen und Ganzen ziemlich gut zurechtkamen.

Innerhalb weniger Tage nach meiner Rückkehr nach Bischofswerda wurden die Kameras, die wir mit Erlaubnis des Kommandanten gekauft hatten, wieder beschlagnahmt. Dies war ganz im Einklang mit allem anderen, was die Boches taten. Man ließ uns Dinge kaufen, und bald darauf wurden sie uns wieder weggenommen. Mit anderen Worten, sobald sie das Geld von uns bekommen hatten, kam ein Befehl zur Beschlagnahme vom Kommandanten. Es tat ihm sehr leid, aber seine Befehle kamen von oben! Dinge wie Zeichenfedern, Laubsägen und kleine Kerbschnitzwerkzeuge, Karten, Spiritusöfen und nicht zuletzt die Kamera. Natürlich kam der Befehl nie von oben, da ich bestimmte Informationen habe, dass Kameras in anderen Lagern bis 1917 erlaubt waren.

Die Beschlagnahme von legal in der Kantine gekauften Artikeln war nur ein Teil eines Systems kleinlicher Maßnahmen, die gegen die Gefangenen ergriffen wurden . Sie fanden bald heraus, dass es, soweit es die Briten betraf, nichts gab, das sie mehr aufregte oder entmutigte, als ihnen das Baden zu verwehren. Für jede noch so kleine Ausrede, wie etwa wenn russische, französische oder britische Offiziere einem deutschen Leutnant nicht den nötigen Gruß erwiesen, wurde ihnen das Baden für ein oder zwei Tage verboten; oder wenn das nicht gelang, wurde ihnen Fußball verboten oder jedes andere Spiel, mit dem sich die Offiziere vergnügen wollten. Shorts wurden konfisziert. Um Letzteres zu tun, war eine allgemeine Durchsuchung der Zimmer notwendig. Natürlich sorgte das immer für eine gewisse Aufregung, da jeder etwas zu verbergen hatte – eine Taschenlampe, Seilstücke, Geld und was auch immer die Boches gerade suchten.

Diese Durchsuchungen fanden in regelmäßigen Abständen statt, etwa alle sechs Wochen, würde ich sagen. Manchmal wurden alle plötzlich aus den Gebäuden getrieben und die Durchsuchung wurde durchgeführt, während sich alle Gefangenen im Hof befanden, in der Hoffnung, achtlos herumliegende verbotene Dinge zu finden. Häufiger, wenn die Paraden am frühen Morgen stattfanden, hielten uns die Boches draußen und durchsuchten die Räume, während wir an der Parade teilnahmen; und sie waren sehr erfolgreich, aber im Allgemeinen nicht bei den Briten. Sehr wenige britische Offiziere wurden mit verbotenen Gegenständen entdeckt. Ein oder zwei Zivilkleidungsstücke und ein paar Zeitungsausschnitte waren so ziemlich alles; aber die Russen und manchmal auch die Franzosen erwischten ganze Fluchteinheiten auf einmal. Wahrscheinlich lag das daran, dass das Lager von Spionen umzingelt war, und da die Russen alle beisammen waren und nicht mit den Briten vermischt wie in Münden , war die Wahrscheinlichkeit eines Verrats von außerhalb der britischen Gemeinschaft *gleich null* . Sehr oft waren französische Offiziere unter uns, aber selten Russen. Es schadet absolut nicht, wenn ich hier feststelle, dass die Russen von Spionen verseucht waren, dass sie das wussten und ganz offen darüber sprachen. Ein oder zwei von ihnen wurden nach dem Krieg zur Vernichtung bestimmt.

Von Ende 1915 bis Mitte 1916 gab es zahlreiche Fluchtversuche. Doch seltsamerweise wurde die Wache der Boches plötzlich verdoppelt, als alle Vorbereitungen abgeschlossen waren und der Versuch gestartet werden konnte, oder im letzten Moment wurde ein Überfall der Boches auf diesen bestimmten Raum durchgeführt, bei dem wahrscheinlich alle Utensilien erbeutet wurden. Das geschah zu oft, als dass es ein Zufall sein könnte.

Einer der wenigen Lichtblicke meiner Zeit in Bischofswerda waren die regelmäßigen Besuche des ehrwürdigen Herrn Williams, der alle drei oder vier Monate ins Lager kam und für uns einen Gottesdienst hielt. Ich glaube nicht, dass einer von uns besonders religiös war, aber Herr Williams war immer so fröhlich und hoffnungsvoll. Man konnte nicht umhin, ein wenig von seiner Fröhlichkeit zu spüren, und ich denke, ich kann für uns alle sprechen, wenn ich sage, dass wir uns sehr auf seine Besuche freuten und uns durch sein Kommen besser fühlten. Außerdem hoffen wir aufrichtig, dass die Behörden zu Hause nach dem Friedensschluss seine Dienste anerkennen und angemessen belohnen werden, denn kein Mann hat jemals unter schwierigeren und unangenehmeren Umständen gearbeitet — von der deutschen Zivilbevölkerung missachtet und misstraut, ein Leben in völliger Isolation im Feindesland führend, äußerst knapp an Nahrung. Tatsächlich hatte er bei seinen letzten Besuchen bei uns normalerweise 24 Stunden lang nichts gegessen. Eines Tages, als wir ihm die Erlaubnis gaben, eine Mahlzeit mit uns zu nehmen, bis der Zug kam, der ihn in ein anderes Lager bringen sollte, aß er mit großem Appetit einige Eier aus der Heimat , die ersten, die er seit vielen Monaten sah. Trotz aller Hindernisse, die ihm in den Weg gelegt wurden, zieht er auf dieser freundlichen Pilgerreise immer noch von Lager zu Lager.

KAPITEL VI

Kriegsgericht und Beleidigung

ICH BIN jetzt an einem Punkt in meiner Erzählung angelangt, der uns auf ein paar Tage vor Weihnachten 1915 zurückführt, als wir erfuhren, dass die deutsche Kantine, aus der wir bis dahin so viel Essen bekommen hatten, abgeschafft werden sollte, um sowohl unsere Pakete von zu Hause als auch die stark reduzierten Rationen der Boches aufzustocken , und dass wir von nun an mehr oder weniger auf unsere Pakete angewiesen sein würden. Einige meiner Leser werden diesen Punkt vielleicht recht interessant finden, da er den Zeitraum bezeichnet, in dem die Boches wirklich begannen, den Mangel an Nahrungsmitteln zu spüren. So viele Leute fragen mich ständig: „Ist den Deutschen wirklich so wenig Essen zu essen, wie die Zeitungen sagen?" Meine Antwort darauf ist: „Ja, nur viel schlimmer dran, als die Zeitungen sagen."

Die alte Kantine wurde schließlich mit dem Neujahrstag 1916 abgeschafft. Da die Frau und ihr Mann, die bis dahin die Kantine geführt hatten, auch das ganze Geschäft führten, mussten sie eine ungeheure Menge Zeug ausräumen – sämtliche Küchengeräte, die man braucht, um eine Kantine für 350 Offiziere zu betreiben. Wir waren beim Ausräumen ein wenig mit von der Partie, wie ich gleich erklären werde. Am frühen Morgen des ersten Weihnachtsfeiertags kam ein kanadischer Offizier zu mir und bat mich, ihm meinen oben erwähnten großen Korb zu leihen, und auch um etwas Geld, da er wusste, dass ich im Besitz einer gewissen Summe war. Er hatte vor, in den Korb zu steigen, sich von ein paar britischen Ordonnanzen hinuntertragen zu lassen und ihn mit einigen Dutzend anderer Pakete vor der Küchentür abzustellen, darunter ein paar ähnlicher Körbe voller Wäsche und Geschirr. Also halfen wir ihm in den Korb, riefen die Ordonnanzen und gaben ihnen Anweisungen, wo sie die Körbe abstellen sollten. Alles lief gut. die Ordonnanzen, die den Korb trugen, kamen ohne Probleme an den Wachen vorbei, da die meisten von ihnen abkommandiert worden waren, um den Leuten in der Kantine beim Ausladen zu helfen. Ein paar große Möbelwagen standen am Tor zur Wache und wurden rasch mit Paketen gefüllt, als mein Korb an die Reihe kam. Er war offensichtlich zu schwer, und unglücklicherweise kam in diesem Moment ein Ordonnanzoffizier der Boches aus der Küche und bot an, ihm zu helfen. Gerade als er ihn hochheben wollte, zappelte der kanadische Offizier oder machte eine Bewegung. Jedenfalls schlug der Boche vor, hineinzuschauen, ob dort eine Katze oder so etwas sei, obwohl er absolut keinen Verdacht hegte, dass es sich um einen Gefangenen handeln könnte. Als sie in die Küche gingen, um den Schlüssel zu holen, da er mit einem Vorhängeschloss verschlossen war, stellten sie fest, dass der Korb überhaupt nicht den Leuten in der Kantine gehörte. Sofort begannen sie, ihn aufzuschneiden, und darin entdeckten sie natürlich den „Jack-in-the-Box", der mit einem wilden Schrei aufsprang. Die Boches wären beinahe an Herzversagen gestorben.

Sie nahmen ihm jedoch den Kragen ab und nahmen ihm alle seine Utensilien sowie das Geld ab, das er nicht schnell genug loswerden konnte. Er wurde auf die übliche Weise zum Kommandanten gebracht und nackt ausgezogen, während sie in ihren verzweifelten Bemühungen, einen verbotenen Gegenstand oder Beweise gegen eine andere Person als Mittäter zu finden, sogar die Nähte seiner Tunika aufrissen.

Im Verlauf seines und im Übrigen auch meines Prozesses wurde deutlich, dass die Boches den Verdacht hegten, wir seien von der Wache oder einem Deutschen im Lager unterstützt worden. Es gab absolut keine Beweise dafür und keinerlei Grund für ihren Verdacht, aber die Boches- Behörden waren sich dessen so sicher, dass die elenden Leute aus der Kantine am Tag nach ihrer Abreise verhaftet und in ein kleines Gefängnis in Dresden gesteckt wurden, bis die Untersuchung vor dem Kriegsgericht abgeschlossen war. Wir lachten darüber, da die Leute aus der Kantine absolut unschuldig waren und sich in der Vergangenheit auf unsere Kosten bereichert hatten. Kurz nach der ersten Befragung wurde der Korb zu mir zurückverfolgt, und dann ging der Spaß los. Der Kommandant beharrte darauf, ich hätte dem Kanadier den Korb zum Zwecke der Flucht gegeben. Ich sagte, das sei nicht der Fall gewesen, man habe mich lediglich gebeten, mir den Korb zu leihen, und da ich ihn zu dem Zeitpunkt nicht benötigte, hätte ich natürlich nachgegeben, und britische Offiziere hätten nicht die Angewohnheit, ihre Freunde zu fragen, was sie mit den ihnen geliehenen Gegenständen tun wollten.

Danach beruhigte sich die Angelegenheit für mich für ein oder zwei Tage. Natürlich wurde der kanadische Offizier in eine Zelle gesperrt. Eines Tages wurde ich wieder gerufen und darüber informiert, dass ich dem Kanadier nicht nur den Korb, sondern auch fünfhundert Mark gegeben hatte. Natürlich bat ich sie, das zu beweisen; dann legten sie eine schriftliche Erklärung des Kanadiers vor, in der er zugab, dass ich ihm die fünfhundert Mark gegeben hatte, wonach es keinen Sinn mehr hatte, die Tatsache zu leugnen. Sie entlockten dem Kanadier diese Information, indem sie ihm sagten, dass der Offizier, der ihm den Korb gegeben hatte, auch zugegeben hatte, ihm fünfhundert Mark gegeben zu haben. Ihr Ziel war es, den Kanadier der schweren Anklage der Bestechung der Wachen zu überführen, die gegen ihn erhoben wurde. Wie ein Idiot tappte er in die Falle, und so wurden wir beide erwischt.

Nach ein paar Tagen trafen die Mitglieder des Kriegsgerichts ein – ein Oberst, der bei uns einem Brigadegeneral gleichgestellt war, ein Major und ein Hauptmann – und sofort wurde eine Untersuchung einberufen, bei der ich angeklagt wurde, den Korb ein paar Wochen zuvor in der Kantine gekauft zu haben. Da dies der Fall war, wurde behauptet, ich hätte ihn gekauft, um zu fliehen oder anderen dabei zu helfen, aber man sagte mir, wenn ich reinen Tisch machen würde, würden sie versuchen, meine Strafe so milde wie möglich zu gestalten. Sie versuchten, sehr schmierig zu sein, aber ich ließ mich nicht von sanften Worten täuschen. Dann wurde ich angeklagt, das Geld besorgt zu haben. Sowohl das Geld als auch den Korb erklärte ich zufriedenstellend; aber das Urteil lautete, dass ich zur Bestrafung weggeschickt werden sollte, da ich nicht in der Lage war, mich in einem guten Lager zu benehmen. „Jetzt", sagte ich, „werde ich Ihnen einfach zeigen, in welchem Ausmaß Sie Deutsche in der Lage sind, die Justiz zu verfehlen. Ich habe diesen Korb weder vor drei Wochen noch in der Kantine gekauft", woraufhin ein allgemeines Lächeln durch die Runde ging und das Kantinenbuch hervorgeholt wurde, aus dem das Datum usw. hervorging, an dem ich den Korb gekauft hatte. Die Anklage der Lüge wurde dann der Liste meiner anderen Verbrechen hinzugefügt. Ich begann dann zu beweisen, dass ich den Korb vor über drei Monaten im Lager in Clausthal gekauft hatte . Meine Beweisführung war so überzeugend, dass das Gericht bis zur Anhörung aus Clausthal geschlossen wurde . Der Bericht, der zurückkam, bestätigte meine Aussage. Am Ende konnten sie nichts Handfestes gegen mich vorbringen außer dem Geld, was ich ihnen erklärte, indem ich ihnen einen Scheck vorlegte , der am 1. Januar 1916 von dem kanadischen Offizier im Austausch für 500 Mark Bargeld ausgestellt worden war, die ich, wie ich erklärte, selbst nicht brauchen konnte. Als ich jemanden fand , der sie hatte, tauschte ich ihn natürlich gegen einen Scheck ein , den ich nach Hause schicken konnte. Damit war die Angelegenheit, soweit es mich betraf, erledigt. Der Kanadier wurde jedoch aus Bischofswerda abgezogen und befindet sich jetzt in der Schweiz. Er wurde wegen seines schlechten Gesundheitszustands dorthin geschickt, der wahrscheinlich auf die schlechten Bedingungen in dem Lager zurückzuführen war, in das er gebracht wurde. Ich möchte erwähnen, dass ein weiterer kanadischer Offizier in diese kleine Episode verwickelt war, aber da er immer noch gefangen ist, wäre es ratsam, seinen Anteil an der Sache nicht zu erwähnen.

Vielleicht ist es erwähnenswert , dass wir unser Bestes taten, um Neujahr zu einem fröhlichen Tag zu machen, und es uns fast gelang, uns einzureden, dass wir uns amüsierten. Da die Kantine aufgelöst worden war, kochte und bereitete jedes Zimmer sein eigenes Abendessen zu, sodass wir zwischen Weihnachtspuddings von zu Hause und allen möglichen Luxusartikeln sicherlich gut zu essen hatten. Wir hatten auch die Erlaubnis bekommen, ein wenig Wein zu kaufen – scheußliches Zeug, aber berauschend. Das Ergebnis war, dass ein wenig angestaute Energie freigesetzt wurde, indem wir gegenseitig unsere Betten zerbrachen. Die Betten in Bischofswerda waren grob gebaute Holzbetten mit hölzernen Latten, auf denen eine Strohmatte ruhte . Indem wir Anlauf nahmen und sprangen und sofort auf der Matratze landeten, zerbrach das Ganze mit einem schönen, zerreißenden Krachen, süße Musik in den Ohren eines Gefangenen, dessen Energie und Geist immer unter ständiger Kontrolle stehen mussten. Natürlich musste man mit den Boches den Teufel bezahlen , und die Rechnung, die sie am nächsten Morgen stellten, war schrecklich. Es wurden alle möglichen neuen Regeln und Vorschriften bezüglich der Betten erlassen, z. B. „Es ist verboten, auf den Betten zu sitzen oder sich körperlich zu betätigen." Das war ziemlich amüsant, da es nicht genug Stühle für alle gab, also nehme ich an, dass wir uns auf den Boden legen mussten. Auch Fußball war für ein paar Tage verboten, und es gab diverse andere *Strafen* . Ich persönlich konnte nicht am Bettzerstörwettbewerb teilnehmen, aber zu sehen, wie andere ihren Gefühlen freien Lauf ließen, war das Nächstbeste.

Das neue Jahr 1916 wurde von uns allen als freudige Ankunft begrüßt, da wir uns ganz sicher waren, dass wir noch vor Jahresende den Sieg erringen und unsere Seelen wieder unser Eigen nennen könnten. Was für optimistische Gefühle hatten wir, als die deutschen Essensrationen Woche für Woche immer knapper und ungesünder wurden. Da wir kein Essen mehr in der Kantine kaufen konnten, dachten wir, das Ende müsse in Sicht sein.

Wir waren jetzt fast vollständig auf unsere Pakete von zu Hause angewiesen. Wären sie auf dem Postweg verloren gegangen oder hätten sich verspätet, wäre es uns sehr schlecht ergangen. Glücklicherweise kamen unsere Pakete häufig und regelmäßig an. Das überraschte uns sehr, da wir schon oft Gelegenheit gehabt hatten, festzustellen, dass die Boches selbst gefährlich knapp an Lebensmitteln aller Art wurden. Wir hatten erwartet, dass eine große Menge entweder gestohlen oder geplündert worden wäre. In einigen Fällen wurden einige Dinge gestohlen, aber nicht in der Regel, was für die deutschen Postbeamten spricht.

Ich habe bereits den Leutnant von Boche erwähnt , der als offizieller Dolmetscher für die Franzosen und Briten fungierte, und wie er versuchte, unsere Lage noch unerträglicher zu machen, als sie ohnehin schon war. Es ist schwierig, diesem Schwein eine direkte und plausible Anklage zu erheben, aber jeder kann leicht verstehen, dass es in einem Leben wie dem unseren die kleinen Dinge waren, die an der Seele nagten, die kleinlichen Beleidigungen und Misshandlungen. Schon die Art, wie dieser Mann Harbe „Guten Morgen" sagte, war eine Beleidigung. Einige von uns erhielten die Zeitschrift „ *Das Spiel* ", die jeder kennt. Harbe konfiszierte sie aus allen Paketen mit der Begründung, die Moral der britischen und französischen Offiziere sei so schlecht, dass die deutschen Behörden es für ihre Pflicht hielten, die Literatur im Sinne der *Kultur zu überwachen* . Harbe erklärte uns dies sorgfältig ins Gesicht, und anstatt ihm für seine Unverschämtheit eins in die Augen zu geben, mussten wir dastehen und mit den Zähnen knirschen. Eine solche Rede eines deutschen Leutnants an einen britischen oder französischen Vorgesetzten war natürlich eine Schande. Bei mehreren Gelegenheiten, als französische Offiziere sowohl an ihre Frauen als auch an ihre Freundinnen schrieben, vertauschte er die Umschläge. Ich nehme nicht an, dass er irgendwelche Schwierigkeiten verursachte, aber es beschreibt den Typ Mann, der unser Leben in Bischofswerda mehr oder weniger beherrschte , einem Lager, das in den meisten Belangen recht gut war.

Was Bücherpakete von zu Hause anging, brauchte Harbe , wie ich bereits sagte, Monate, um sie zu zensieren, und hielt dann häufig sogar Werke wie Dickens oder andere harmlose Bücher zurück. Wenn offizielle Durchsuchungen stattfanden, machte dieses Biest beleidigende Bemerkungen über die Fotos der Verwandten; und wenn große Pakete mit Lebensmitteln von zu Hause kamen, beschwerte er sich über die Menge und die Qualität der gelieferten Lebensmittel.

„Na, Hühnchen und Zunge, das ist ein Luxus, und Gefangenen ist Luxus nicht gestattet. Diesmal können Sie es haben, aber Sie dürfen keinen weiteren Luxus mehr bestellen, sonst wird er konfisziert. Sie geben zu viel Geld für Essen aus. Sehen Sie mich an; ich lebe von der Ration, die ich bekomme: warum können Sie das nicht?"

„Sehen Sie, so sind wir nicht erzogen worden", war meine Antwort auf diese Frage.

Natürlich wurde ich wegen unverschämter Antworten vor den Kommandanten gestellt, aber als ich erklärte, dass ich mich nur gegen einen Angriff von Harbe wegen der Menge und Qualität der von zu Hause geschickten Lebensmittel verteidigt hätte, entließ mich der Kommandant, und ich glaube, es war Harbe , der die Schelte bekam. Er sagte einmal, ein Kriegsgefangener sei ein in Ungnade gefallener Mann, der keine Rechte habe und dem es nicht erlaubt sein sollte, sich in irgendeiner Weise zu amüsieren. Er sagte, man müsse ihm die Schande seiner Position bewusst machen!

Kapitel VII

Im Krankenhaus in Dresden

IM MÄRZ SCHLOSS SICH UNS IN Bischofswerda ein kürzlich gefangengenommener kanadischer Arzt an , und obwohl das Haager Übereinkommen es nicht gestattet, Ärzte für längere Zeit inhaftiert zu halten, war dieser Kanadier noch dort, als ich im Oktober, etwa sieben Monate später, abreiste. Für uns war er jedoch eine große Erleichterung, da wir aus erster Hand Nachrichten über die jüngsten Ereignisse bekamen und auch wertvolle medizinische Hilfe und Ratschläge erhielten. Seine Diagnose meines Falles erwies sich als absolut richtig, *nämlich* dass mein Leiden durch Rippensplitter verursacht wurde, die in der rechten Lunge steckten; außerdem hatte sich aufgrund der langen Zeit, in der es unbehandelt geblieben war, also etwa anderthalb Jahre, ein chronischer Rippenfellentzündungszustand eingestellt. Der kanadische Arzt unterhielt sich wegen meines Falles mit dem deutschen Arzt, aber der Deutsche weigerte sich, irgendetwas Ungewöhnliches festzustellen, sagte jedoch, dass er mich zur Untersuchung vorführen würde, sollte die Schweizer Kommission käme.

In der letzten Maiwoche 1916 wurden wir benachrichtigt, dass in Kürze ein Besuch der Schweizer Kommission erwartet würde, um bestimmte Offiziere für die Versetzung in die Schweiz abzuholen. Es wurde eine Liste derjenigen erstellt, deren Wunden so schlimm waren, dass eine Untersuchung durch die Kommission möglich war, obwohl alle Offiziere, die an anderen Beschwerden litten, tatsächlich bei ihrer Ankunft von der Schweizer Kommission untersucht wurden. Am Tag des Besuchs herrschte große Aufregung, die am Ende nur wenig Trost bringen sollte. Mit Ausnahme eines Offiziers, der an der Hand getroffen worden war und die Funktion dieser Hand mehr oder weniger verloren hatte, wurde außer mir kein anderer Offizier auf die mögliche Liste gesetzt.

Zunächst schienen die Schweizer mich aufnehmen zu wollen, aber die deutschen Ärzte wollten davon nichts wissen. Das Ergebnis der Diskussion zwischen ihnen war ein Kompromiss, wobei die Schweizer darauf bestanden, dass ich mich einer gründlichen Röntgenuntersuchung unterziehen sollte , um festzustellen, ob ein Splitter oder etwas anderes die Beschwerden verursacht hatte. Die deutschen Ärzte sagten, das sei völlig unnötig, ich sei völlig gesund, aber wenn nach der Untersuchung eine Operation notwendig sei, müsse diese in Deutschland stattfinden. Der bereits erwähnte kanadische Arzt entnahm einem privaten Gespräch mit den Schweizern, dass die Deutschen mich nicht gehen ließen, weil sie Angst vor den Fragen hatten, die in der Schweiz unweigerlich gestellt würden, warum sie meine Lunge anderthalb Jahre lang unbeaufsichtigt gelassen hätten, ohne sich auch nur die Mühe zu machen, eine richtige Diagnose zu stellen.

So endete der erste Besuch der Schweizer Kommission. Es vergingen fast drei Wochen, bevor ich den Befehl zur ärztlichen Untersuchung erhielt, die in einer Stadt namens Bautzen, etwa 40 Kilometer von Bischofswerda entfernt, stattfand . Es ist ein sehr großes Militärdepot und enthält mehrere Krankenhäuser. In eines davon wurden ich und ein kanadischer Offizier, der mitgekommen war, geführt. Eine Zeitlang saßen wir auf dem Übungsplatz des Krankenhauses, wo eine Anzahl deutscher verwundeter Soldaten saßen oder herumliefen. Wir erregten offenbar großes Interesse, aber es wurden uns keine Beleidigungen oder anstößigen Blicke zugeworfen – im Gegenteil, eher das Gegenteil. Es ist eine merkwürdige psychologische Tatsache, dass jene Boches , die tatsächlich an der Front gekämpft haben, ihre Feinde mit weitaus größerem Respekt zu betrachten scheinen, was, wie ich annehme, letztendlich natürlich ist, da sie die großartigen Kampfqualitäten unserer Truppen tatsächlich gesehen und gespürt haben und daher den Artikeln in ihren Zeitungen, die die Stärke unserer Waffen ständig herabwürdigen, skeptisch gegenüberstehen. Diejenigen hingegen, die mit den Kommunikationskanälen usw. verbunden sind, glauben den Zeitungen, da sie über keine eigenen praktischen Erfahrungen verfügen, die ihre Argumentation untermauern könnten. Und wie es für den gesamten Boche-Charakter typisch ist, sind sie Tyrannen der schlimmsten Art, wenn sie das Gefühl haben, die Oberhand zu behalten oder gegen eine schwächere Macht anzutreten.

Was die Ereignisse im Krankenhaus von Bautzen anbelangt, so wurden nach einem Besuch bei den Spezialisten sofort Vorkehrungen für eine Röntgenuntersuchung getroffen. Das Ergebnis dieser Untersuchung zeigte, dass unser kanadischer Arzt recht hatte. Der deutsche Spezialist fragte mich dann, warum dies nicht schon früher getan worden sei und warum keine Operation durchgeführt worden sei. Er sagte: „Meiner Meinung nach muss dies sofort geschehen; gleichzeitig muss ich Sie warnen, dass aufgrund der langen Zeit, die verstrichen ist, an der betroffenen Stelle natürlich ein beträchtliches Wachstum stattgefunden hat." Er sagte weiter, dass die Operation jetzt sehr gefährlich wäre und dass er selbst bei einem Erfolg keine Garantie dafür geben könne, dass es mir besser gehen würde, und dass er mich bitten müsse, sofort zu entscheiden, ob ich mich der Operation unterziehen würde oder nicht. Auf die Frage nach dem wahrscheinlichen Ergebnis, wenn ich mich nicht geneigt fühlen sollte, das Risiko einzugehen, antwortete er: „Vielleicht wird es Ihnen nicht schlechter gehen, aber es würde mich überraschen, wenn das nicht der Fall wäre, und ich denke, dass wahrscheinlich Tuberkulose einsetzen wird, wenn dies nicht bereits der Fall ist."

Dieses Gutachten war für mich ausschlaggebend und ich gab eine schriftliche Erklärung ab, dass die Operation auf meinen eigenen Wunsch und auf mein eigenes Risiko erfolgte, da sonst nichts unternommen worden wäre.

Nach einer weiteren Untersuchung fuhren mein Freund und ich mit dem Zug nach Bischofswerda zurück . Etwa eine Woche später rief mich der Arzt zu sich und erklärte mir, dass die Operation sehr gefährlich sei und ich noch Zeit hätte, sie abzubrechen; der Kommandant tat einige Tage später dasselbe; aber die Drohung des Spezialisten, ich könnte an Tuberkulose erkranken, gab mir endgültig den Ausschlag, da es keine andere Möglichkeit gab. Wenn ich die Krankheit hätte, wäre ich erledigt; wenn sie durch eine fehlende Operation käme, wäre ich erledigt; also blieb mir nichts anderes übrig, als auf mein Glück zu vertrauen. Fast ein weiterer Monat verging, bis ich meinen endgültigen Befehl erhielt, ins Krankenhaus nach Königstein zu gehen , und als sie ankamen, wurde mir gesagt, ich solle mich gemäß den Anweisungen aus Berlin darauf vorbereiten, in drei Tagen abreisen zu können.

In der Nacht vor meiner Abreise ins Krankenhaus erhielt der Kommandant den Befehl, mich nicht nach Königstein , sondern in das Reservelazarett in Dresden zu bringen , wohin ich schließlich auch ging. Doch vor meiner Abreise schrieb ich zwei Briefe, die ich einem meiner Offizierskameraden gab. Diese beiden Briefe enthielten einen genauen Bericht über die Behandlung oder vielmehr die Nichtbehandlung meiner Wunde, der nur im Falle eines tödlichen Operationserfolgs abgegeben werden sollte. Einer war an den amerikanischen Botschafter gerichtet, der andere an meine Mutter.

Die Fahrt von Bischofswerda nach Dresden verlief mehr oder weniger ereignislos, abgesehen davon, dass tatsächlich ein Taxi organisiert wurde, um mich und den Wachmann zum Bahnhof zu bringen, was ich natürlich bezahlen musste, und auch, um mein Gepäck nach Dresden zu bringen, da ich keine Garantie hatte, dass ich im Krankenhaus nicht verhungern würde, und daher meinen Vorrat an Konserven mitgenommen hatte, da ich als Gefangener zu alt war, um in dieser Hinsicht auf dem Trockenen sitzen zu bleiben. Das Taxi und der Transport kosteten mich etwa dreißig Schilling, obwohl Dresden nicht viel mehr als dreißig Kilometer entfernt ist.

Auf dieser Reise nach Dresden und auf der Durchreise auf dem Weg zum Krankenhaus hatte ich einige ausgezeichnete Gelegenheiten, das Erscheinungsbild der Bevölkerung einzuschätzen. Überall begegneten mir säuerliche Blicke, aber keine Beleidigungen. Im Großen und Ganzen sahen die Menschen überarbeitet und unterernährt aus und gingen ihren Pflichten mit einer Art mürrischer Verbissenheit nach. Zwei der Hauptplätze in Dresden waren voll mit Rekruten in der Ausbildung – Jungen, die nicht älter als sechzehn oder siebzehn Jahre waren, und Männer, die über fünfzig aussahen, die meisten von ihnen kleinwüchsig und schwächlich.

Das Krankenhaus war vollgestopft mit verwundeten deutschen Soldaten und einigen Offizieren, die sich in Genesung befanden. Es stellte sich heraus, dass es ein riesiger Ort mit einem hervorragenden Gelände am Rande des Königswalds war, wo dreimal wöchentlich eine Regimentskapelle spielte. In einem der Krankenzimmer wurde mir ein sauberes Zimmer zugewiesen, und es war eine große Erleichterung, dass ich ein eigenes Zimmer für mich allein hatte.

Am Morgen nach meiner Ankunft besuchte mich ein bekannter deutscher Spezialist in meinem Zimmer und untersuchte meinen Brustkorb gründlich. Am Nachmittag wurde ein junger deutscher Genesungsoffizier beauftragt, mit mir einen kurzen Spaziergang zu machen, den wir im Königswald machten , einem wunderschönen Waldtal voller herrlich sprudelnder Quellen und schöner grüner Lichtungen, die für die Augen eines Gefangenen eine wahre Erfrischung waren. Der Offizier war sehr höflich und mitfühlend. Am Abend, als ich von dem Spaziergang zurückkam, wurde ich erneut von dem Spezialisten besucht, der sagte, er freue sich, mir mitteilen zu können, dass ich nicht an Tuberkulose leide, wie er nach seiner Untersuchung am Morgen geglaubt hatte. Er erklärte auch, dass er garantieren würde, dass die Operation ohne große Gefahr durchgeführt würde, wenn ich mich in seine Hände begeben würde. Damit meinte er, dass in meinem gegenwärtigen Zustand eine Narkose nicht ratsam sei und dass er garantieren würde, dass alles in Ordnung sei, wenn ich mich einer Narkose ohne Narkose unterziehen würde. Am nächsten Morgen fand die Operation statt und sie wurde sehr schön und zufriedenstellend durchgeführt. Ich werde nicht näher auf meine eigenen Gefühle während dieser Tortur eingehen, da man keine große Vorstellungskraft braucht, um sie sich vorzustellen, wenn man bedenkt, dass eine so große Operation ohne Betäubung durchgeführt wird .

Im Allgemeinen wurde ich im Krankenhaus in Dresden nur sehr gut behandelt. Zu Hause hätte ich weder in Bezug auf die Pflege noch auf die Ernährung besser behandelt werden können. Meine eigene Krankenschwester war besonders aufmerksam und ich werde ihr ewig dankbar sein. Dieser glückliche Zustand änderte sich jedoch außerordentlich an dem Tag, als Rumänien in den Krieg eintrat. Während meine Krankenschwester standhaft blieb, kam die Stationsleiterin, die bis dahin recht freundlich gewesen war, in mein Zimmer, drohte mir mit der Faust, nannte mich einen englischen Schweinshund , verfluchte die Engländer und alles, was mit ihnen zu tun hatte, und befahl, mir meine Krankennahrung zu entziehen und mir stattdessen die Soldatenrationen zu geben. Dies geschah.

Ich habe vergessen, vorher einen Vorfall zu erwähnen, der die außergewöhnliche Arbeitsweise des Boche- Geistes zeigt. Um diese besondere Operation durchführen zu können, war es notwendig, mir auf Bewährung zu erlauben, und zwar schriftlich, dass ich von dem Zeitpunkt an, an dem ich das Gefängnis verließ, um ins Krankenhaus zu gehen, bis zu dem Zeitpunkt, an dem ich vom Krankenhaus ins Gefangenenlager zurückkehrte, keinen Fluchtversuch unternehmen würde. Die Erlaubnis, unter den gegebenen Umständen auf Bewährung zu gehen, erhielt ich vom ranghöchsten britischen Offizier in Bischofswerda . Als ich jedoch ins Krankenhaus ging , entdeckte ich einen Wachposten an der Tür meines Zimmers und einen weiteren vor dem Fenster. Natürlich beschwerte ich mich sofort beim Kommandanten des Krankenhauses, dass ich auf Bewährung gegangen war, und war natürlich außerordentlich beleidigt, als ich feststellte, dass mich zwei Wachposten bewachten. Er lächelte und sagte, der Befehl sei von weiter oben gekommen, und er könne nichts tun.

Diese beiden Wachen blieben Wache, bis ich das Krankenhaus verließ, was höchst komisch ist. Stellen Sie sich vor, Sie würden zwei Wachen aufstellen, um einen Mann zu bewachen, der zwischen Leben und Tod schwebt und einen riesigen Schnitt in der Brust hat, um zu verhindern, dass er entkommt, sollte er sein Ehrenwort brechen! Ich hätte *nur* 600 Kilometer laufen müssen, um zu entkommen – und das für jemanden, der nicht einmal die Kraft hatte, sich selbst zu ernähren. Was muss das Wort eines deutschen Offiziers wert sein, wenn er das Ehrenwort eines anderen akzeptiert und dann Schritte unternimmt, um zu verhindern, dass es gebrochen wird?

Ganz allmählich begann ich wieder zu Kräften zu kommen, und sobald ich mich in einem Stuhl aufsetzen konnte, wurde ich aus dem Krankenhaus entlassen und nach Bischofswerda zurückgeschickt , sehr froh, alle meine alten Freunde wiederzusehen. Aber meine Entlassung erfolgte zu früh, und die Erschütterungen des Wagens brachten mich so aus der Fassung, dass ich wieder krank wurde und einen erheblichen Rückfall erlitt, der mich im Krankenzimmer in Bischofswerda ans Bett fesselte . Hier blieb ich über einen Monat, währenddessen mir viele kleine interessante Vorfälle zustießen. So scheint es beispielsweise, dass entgegen allen deutschen Regeln und Vorschriften meine Pakete angehalten und geöffnet worden waren, ohne dass ein britischer Offizier anwesend war, und dass dabei natürlich zwei Pakete mit je tausend Mark entdeckt worden waren. Leutnant Harbe stattete mir im Krankenzimmer einen Besuch ab, schickte alle hinaus, schloss die Fenster und begann, mich zu schikanieren, obwohl er wusste, dass ich zu diesem Zeitpunkt sehr schwach war. Er beschimpfte mich auch auf jede erdenkliche Weise. Nachdem er gegangen war, bekam ich hohes Fieber und meldete ihn am nächsten Tag beim Kommandanten.

Einige Tage später kam Mr. Jackson, der Assistent des amerikanischen Botschafters. Er besuchte mich im Krankenhaus und hörte sich meine Leidensgeschichte über Harbe an. Er trug sie dem Kommandanten vor und bat ihn, Harbe loszuwerden , da er während der gesamten Zeit, die er in Bischofswerda verbracht hatte , Offiziere absichtlich so sehr auf die Probe gestellt und beleidigt hatte, dass es für sie schwierig war, sich zurückzuhalten. Er war daher eine sehr gefährliche Person im Lager, denn hätte ihn einer von ihnen geschlagen, wie er es verdiente, wäre dies ein äußerst schweres Vergehen gewesen. Daraus wurde jedoch nichts, außer dass Harbe verboten wurde, sich mit mir zu unterhalten, es sei denn in Gegenwart eines anderen Offiziers.

Nachdem ich einen Monat im Krankenzimmer verbracht hatte, wurde ich in ein kleines Zimmer im ersten Stock gebracht, in dem ich allein war. Dort kam ich schnell wieder zu Kräften und konnte in den ersten Oktobertagen schon wieder durch das Zimmer gehen. Am Tag vor meiner Entlassung aus dem Krankenhaus unternahmen zwei britische Offiziere einen sehr gelungenen Fluchtversuch. Der eine besorgte sich durch mich Zivilkleidung, der andere ließ sich die Uniform eines deutschen Soldaten anfertigen. Die beiden verließen das Lager, verkleidet als der Schneider, der uns aus der Stadt zu besuchen pflegte, und sein Wächter in deutscher Uniform. Sie hatten das Lager völlig verlassen, als ein Offizier, der ihnen auf der Straße wenige Meter außerhalb des Lagers begegnete, in der Wache meldete, der Soldat sei ohne Seitenwaffen, also ohne Bajonett, in die Stadt gegangen. So wurden die beiden gefasst. Sie wurden sofort vor ein Kriegsgericht gestellt und in Zellen gesteckt.

Am 8. Oktober marschierten Harbe und drei Wachen in mein Zimmer, wo ich noch im Bett lag, und teilten mir mit, dass ich in ein Straflager geschickt würde, dass alle meine Sachen nun in seiner Gegenwart gepackt würden und dass ich am nächsten Morgen um vier Uhr in das neue Lager aufbrechen sollte. Ich erklärte, dass ich kaum laufen könne und schon gar nicht packen könne, also begann er, meine Sachen in meine beiden Kisten zu werfen. Daraufhin ließ ich meinen guten Kumpel rufen, der freundlicherweise kam und alles für mich einpackte und auch darauf bestand, dass ich all meine Lebensmittel mitnehme, was Harbe ablehnte. Mein Freund bestand jedoch darauf; und es war in der Tat gut, dass er das tat, denn sowohl ich als auch andere wären wahrscheinlich verhungert, wenn ich nicht etwas Essen mitgenommen hätte.

Am nächsten Tag stand ich mit einiger Anstrengung aus dem Bett auf. Als ich ins Erdgeschoss ging, wo ein Offizier und ein Wachmann warteten, um uns zu begleiten, stellte ich fest, dass der Offizier, der als Schneider verkleidet zu fliehen versucht hatte, mich in das neue Lager begleitete. Wir fuhren in einer Droschke zum Bahnhof und erreichten nach einer sehr anstrengenden und ermüdenden Reise um 21.30 Uhr desselben Abends Ingolstadt in Bayern, so dass wir siebzehn Stunden unterwegs waren. Ich, der ich seit zehn Wochen nicht mehr aus dem Bett gekommen war, abgesehen von meiner Reise von Dresden nach Bischofswerda und nach meiner sehr schweren Operation, kann mir die Strapazen der Reise gut vorstellen. Hinzu kam, dass der verantwortliche Offizier, der sich unterwegs recht höflich und zuvorkommend verhalten hatte, uns am Bahnhof zurückließ, und wir waren gezwungen, vom Bahnhof zu einem der Erholungslager deutscher Soldaten zu laufen, da wir das Gefängnis in Ingolstadt in dieser Nacht nicht erreichen konnten. Es waren ungefähr sechs Kilometer bis zu diesem Erholungslager, und der Fußmarsch hätte mich fast umgebracht. Gleichzeitig hatte ich eine schwere Tasche dabei, die ich auch hätte tragen müssen, wenn mein Kamerad, der mitgekommen war, dies nicht getan hätte. Da er Major war, war das für mich keine sehr angenehme Lage; und wäre er nicht so ein großartiger Kerl gewesen, hätte ich darauf bestanden, sie selbst zu tragen, eine Anstrengung, die mit Sicherheit verheerend gewesen wäre.

Als wir im Erholungslager ankamen, nachdem wir gezwungen worden waren, mitten auf einer schlammigen Straße zu marschieren, da Gefangene als zu verachtenswert galten, um auf dem Fußweg gehen zu dürfen, fanden wir ein schmutziges, dreckiges Holzgebäude, in dem die schmutzigsten und am meisten verwahrlosten Boche- Soldaten lebten, die ich je gesehen hatte. Am Ende dieses Gebäudes befand sich ein kleiner, abgeteilter Raum, in den wir gestoßen und für die Nacht eingesperrt wurden. Ich habe schon einige schmutzige Orte gesehen, aber dieser war definitiv der Höhepunkt. Vier Betten und ein Tisch waren die einzigen Möbel, die es zu bieten hatte – die Betten standen so nah beieinander, dass sie sich gegenseitig berührten, die Decken und Laken waren schwarz von Schmutz und Fett. Glücklicherweise hatten wir aus unserer früheren Erfahrung gelernt, wie wertvoll Keatings Pulver ist, von dem wir etwas dabei hatten, und wir bestreuten das ganze Zimmer, Bettzeug und alles großzügig damit. Zu unserer Überraschung wurde uns, obwohl es schon so spät war, eine große Schüssel recht gute Bohnensuppe geschickt, wofür wir äußerst dankbar waren.

Nachdem wir uns für die Nacht eingerichtet hatten, gesellten sich drei russische Offiziere zu uns, so dass wir nun dem alten Vergleich mit Sardinen in einer Kiste sehr ähnelten. Aber obwohl unsere Umgebung so unbequem war, war ich zu fertig, um viel von irgendetwas zu bemerken, und war dankbar, ins Bett kriechen zu können. Am nächsten Morgen um 9 Uhr wurde uns ein recht ordentliches Frühstück gebracht, für das wir wie üblich bezahlen mussten; aber wir bekamen es trotzdem, was die Hauptsache war, und kurz darauf wurden wir zu einem kleinen Bahnhof etwa eine halbe Meile entfernt marschiert, von wo aus wir den Zug zum Bahnhof Ingolstadt Fort nahmen. Als wir dort ankamen, brachte uns ein weiterer Fußmarsch von etwa einer halben Meile zur Festung Ingolstadt. Als wir über den Graben in die Festung gingen, kroch mir ein unangenehmes kaltes Gefühl über den Rücken, und die Worte blitzten in meinem Kopf auf: „Lasst alle, die ihr hier eintretet, alle Hoffnung fahren.“

KAPITEL VIII

DAS HÖLLENLOCH VON INGOLSTADT

ICH MÖCHTE jetzt, wenn ich darf, auf ein oder zwei kleine Notizen eingehen, die ich auf der Reise von Sachsen hierher gemacht habe. Erstens habe ich an keinem Bahnhof einen einzigen männlichen Gepäckträger gesehen. Die Zugführer waren alle Frauen; und wenn der Zug langsam durch Ackerland fuhr, sahen wir Gruppen alter Männer und kleiner Kinder, die auf den Feldern arbeiteten, obwohl es November war und man meinen könnte, es gäbe nicht viel zu tun. Ich habe weder auf den Straßen noch in den Städten, auf den Bauernhöfen oder sonstwo einen einzigen Mann zwischen vierzehn und fünfundfünfzig Jahren gesehen. Es war, als ob Deutschland von Männern in diesem Alter völlig entvölkert worden wäre. Was sie mit ihren Untauglichen gemacht haben , weiß der Himmel.

Um die Festung Ingolstadt zu betreten, musste man zuerst durch das Wachhaustor gehen, das an die Straße grenzte und aus Eisenblech bestand. Von dort gelangte man nach vierzig Metern zu einem großen Eisengitter, das den Zugang zur Brücke über den Graben schützte. Dieses Gitter sowie das Wachhaustor wurden Tag und Nacht verschlossen und bewacht. Nachdem man das Gitter durchquert und den Graben überquert hatte, gelangte man über einen gepflasterten Damm zum Haupteingang der Festung. Das Tor bestand aus einem Paar massiver Stahltüren, die in der Mitte gefaltet und in das Mauerwerk der unteren Werke eingebaut waren. Diese Mauerwerke waren durch große Erdwerke, die sich in großer Höhe über ihnen erhoben und mit Zinnen und Kaponnieren sowie Artillerieplattformen versehen waren, vor Artilleriefeuer geschützt. Als wir die Festung betraten, befanden wir uns an einem der dunkelsten, feuchtesten und unheimlichsten Orte, an denen ich je gewesen war. Die Feuchtigkeit und Dunkelheit wurden durch die Erdwerke über uns verursacht, die sich vom Dach des Mauerwerks bis zu einer Höhe von 35 Fuß erhoben . Im Nachhinein stellte sich heraus, dass das gesamte Innere äußerst schmutzig war. Gegenüber ist ein Plan der Festung zu sehen, der durch die Erdarbeiten nach unten zeigt.

Als wir diese düsteren Portale betraten, wurden wir sofort in die Quartiere des Kommandanten geführt, die sich neben dem Eingang befanden. Hier wurden wir durchsucht, aber es wurde nichts Bedeutendes entdeckt. Mein erster Eindruck vom Kommandanten war gut. Es dauerte nicht lange, bis ich herausfand, dass er falsch war, wie sich später zeigen wird.

Nach der Untersuchung wurden wir in unsere Zelle geführt, die für sieben Monate mein Zuhause sein sollte. Sie sah nicht gerade einladend aus. Eine allgemeine Beschreibung der Festung ist notwendig, damit der Leser die weiteren Ereignisse verstehen kann. Mit Hilfe des Plans sollte dies nicht sehr schwierig sein.

FESTUNG INGOLSTADT

BAYERN

„FORT N°. 9"

Die den Gefangenen zugewiesenen Wohnräume bestanden aus einer Reihe tunnelförmiger Zellen, die entlang der Nord- und Südfront der Festung verliefen. Sie waren durch einen langen Steinkorridor miteinander verbunden und durch den Haupteingang in zwei Flügel geteilt, wie auf dem Plan zu sehen ist. Jede Zelle war mit der benachbarten durch einen kleinen Torbogen verbunden, der abgeteilt worden war, um separate Abteile zu schaffen. Diese Trennwände waren in einigen Fällen aus Holz, in anderen waren sie zugemauert. Die Zellen waren 26 Fuß lang und 15 Fuß breit und enthielten jeweils sechs Offiziere. Mit sechs Betten, einem Esstisch, einem Kochherd (von uns selbst besorgt) und einem abgetrennten Raum, der als Küche und Spülküche diente, gab es also nicht sehr viel Platz. Da das Dach tunnelartig gewölbt war, konnte man die Bodenfläche nicht voll ausnutzen, da man in der Nähe der Wände nicht aufrecht stehen konnte. Diese Wände bestanden aus Granit, der schlecht weiß getüncht war und Feuchtigkeit ausströmte. Bei feuchtem Wetter glitzerten die Spinnweben, die die Decke schmückten, wie eine lange Grotte. Auf einer Seite der Zellen diente ein kleiner, aus der Wand gegrabener Abfluss als Durchgang für das Wasser von oben. Dieser Abfluss führte durch eine kleine Falltür in die Zelle, durch die man das ständige Tropfen des Wassers hören und sehen konnte, das sich bei Regenwetter zu einem kleinen Bach formte und gelegentlich in die Zelle überschwemmte. Zu jeder Zeit bedeckte ein großer feuchter Ring den Boden in seiner Nähe.

Wie bereits erklärt, gelangte man über einen langen Steinkorridor zu den Zellen, der parallel zu ihnen verlief und alle vierzig oder fünfzig Meter durch Oberlichter beleuchtet wurde, die durch die Erdarbeiten über ihnen nach oben ragten. Diese ließen jedoch nur sehr wenig Licht herein, außer wenn die Sonne schien. Man war immer in Gefahr, mit jemandem zusammenzustoßen, der in die entgegengesetzte Richtung ging; tatsächlich erhielt man auf diese Weise ziemlich viele harte Stöße. Die Latrinen befanden sich am Ende jedes dieser Korridore. Dies ist kein Thema, auf das man näher eingehen möchte, aber in dieser Geschichte ist es notwendig, um sich eine genaue Vorstellung von den Bedingungen zu machen, unter denen wir lebten. Diese Latrinen bestanden aus einem bloßen Loch im Steinboden ohne jegliche Form von Abfluss. Infolgedessen wurde die Atmosphäre im Korridor zeitweise fast unerträglich, da der Korridor als eine Art Abzug zu den Latrinen fungierte, mit denen er direkt verbunden war, was letztendlich dazu führte, dass, wenn Offiziere diese Räume betraten und verließen, eine gewisse Menge des widerlichen Geruchs in die Zellen drang. So mussten wir in einer dieser Zellen schlafen, essen und leben, von innen von unhygienischen Bedingungen heimgesucht, in einer schmutzigen, feuchten, schlecht beleuchteten Steinzelle leben, von außen von Moskitos und Miasma bedroht, das vom Wasser des Grabens aufstieg, auf den die Zellen durch sehr stark vergitterte Fenster blickten. Die Böden bestanden aus Asphalt, der einem die Kälte bis ins Mark traf, so dass die meisten von uns immer steif vor Rheuma waren.

Zunächst durften wir in den mit X und Y gekennzeichneten Vertiefungen Sport treiben und auch um die Wälle der Schutzwälle herumgehen. Dies wurde jedoch sehr bald aufgrund eines Fluchtversuchs über den Graben unterbunden. Schließlich war uns nur noch der mit Z gekennzeichnete Übungsplatz gestattet, der sich direkt unter der Zugbrücke und dem Haupteingang befand. Dieser Platz war etwas größer als ein Tennisplatz und bot etwa dreihundert von uns Platz zum Trainieren. Dem Leser muss es fast unglaublich erscheinen, dass selbst ein Hunne einen Kriegsgefangenen unmittelbar nach einer sehr schweren Operation in ein solches Höllenloch sperren würde. Aber so war es.

Nachdem ich die Unterbringung der Gefangenen in der Festung grob skizziert habe, möchte ich nun die Ereignisse eines ganz normalen Tages aufzeichnen. *Der Appell* oder Appell fand um 7.30 Uhr morgens in den Zellen statt. Der *Appell* wurde durch eine riesige Alarmglocke angekündigt, die in jedem Flügel angebracht war. Nachdem diese Glocke geläutet hatte, durfte kein Offizier unter irgendwelchen Umständen seine Zelle verlassen. Der Unteroffizier der Boche und ein Wachposten besuchten die Zellen nacheinander und zählten in jeder Zelle sechs Offiziere. Der Unteroffizier betrat die Zellen vom Korridor aus, um diese zu zählen, während der Wachposten draußen blieb, um zu verhindern, dass ein Offizier, der bereits gezählt worden war, den Korridor entlang zu einer Zelle ging, die noch nicht gezählt worden war, und so erneut gezählt wurde. Dies war notwendig, da im Falle der Flucht eines Offiziers ein zweimaliges Zählen dem Fliehenden Zeit geben würde, das Lager zu verlassen, falls er das Glück gehabt hätte, entkommen zu können.

Nach dem *Appell* wurde uns das Frühstück von dem unserer Zelle zugeteilten französischen Ordonnanzoffizier serviert. Der Leser darf nicht glauben, dass der Ordonnanzoffizier den ganzen Tag über für uns da war; er hatte zahlreiche andere Aufgaben für den Boche zu erfüllen . Normalerweise machte er unsere Betten und entleerte das Spülwasser (nicht immer) und erledigte gelegentlich nach dem Essen den Abwasch. Er holte uns auch frisches Wasser in einem Eimer. Das Frühstück bestand aus einer großen Tasse heißen Kaffees, der bereits mit Milch vermischt war. Tatsächlich bestand er aus gemahlenen Eicheln und einem kleinen Anteil Zichorie und war völlig ungenießbar. Dies und drei Unzen Schwarzbrot, das hauptsächlich aus Kartoffelschalen, Kleie und Sägemehl bestand, war alles, was wir zum Frühstück hatten. Zum Mittagessen erhielten wir fünf Kartoffeln für sechs Offiziere oder eine Kohlrübe mit einem Gewicht von etwa 1½ Pfund oder siebzehn Stangen Spargel aus der Dose. Jede Zelle hatte ihre Ration *en bloc*, sodass das Essen, das kam, unter den sechs Personen in jeder Zelle aufgeteilt wurde. Zum Abendessen gab es eine Frühstückstasse Suppe aus gemahlenen weißen Bohnen (manchmal essbar, aber nicht oft).

Das Obige waren die regulären Rationen. Daneben erhielten wir noch weitere Rationen: 45 Gramm Fleisch pro Woche, einschließlich Knochen, und gelegentlich stinkenden Fisch, der so schlecht war, dass man ihn nicht länger als ein oder zwei Minuten in der Zelle behalten konnte. Die anderen Rationen waren fünfzehn Stücke Zucker pro Monat; 1 Pfund Tee (vom Stängel geschnitten) für sechs Offiziere, normalerweise zweimal im Monat; und schließlich alle sechs Wochen ein Glas Sherry Rum für uns sechs und einen Suppenteller voll Obstkonserven. Alle Lebensmittel, die nicht als Tagesration bereitgestellt wurden, gaben uns die Boches nur , damit sie eine Liste vorlegen konnten, aus der hervorging, wie gut sie ihre Gefangenen ernährten. Letzteres diente hauptsächlich der Erbauung des amerikanischen Botschafters. Das Folgende sieht wirklich ganz gut aus: Rum, Zucker, Tee, Fleisch, Brot, Suppe, Gemüse, Kartoffeln, Obst, Fisch .

Aber alles was glänzt usw. – wie aus meiner Beschreibung der Zubereitung und Verteilung dieser Speisen hervorgeht. Bald nach dem Morgenappell *eilten* wir zum Bad oder sogenannten Bad. Nur eine Zeichnung von Heath Robinson kann dem gerecht werden. Keine Worte können die außerordentlich primitiven Einrichtungen beschreiben. Ein Zementkessel, auf dem eine Anzahl großer Becken ruhte, die das zu erhitzende Wasser enthielten. An drei Tagen in der Woche wurde ein Drittel eines Sacks Kohle zur Verfügung gestellt, um das Wasser in diesen Becken zu erhitzen, was für die Waschungen von dreihundert Offizieren reichen musste. Wenn das Wasser heiß war, wurde es mit einer großen Suppenterrine von Hand abgeschöpft und in ein Bad gegossen. Von dort wurde das Wasser von Hand in eine Reihe von Bierfässern gepumpt, die auf einem Holzrahmen ruhten und so abgeteilt waren, dass sich über jedem Abteil ein Fass befand. Der Badende ließ dann das Wasser aus den Fässern ab, indem er ein grobes Ventil betätigte, woraufhin das Wasser, das aufgrund der vielen Wechselfälle, denen es ausgesetzt war, praktisch kalt war, in einem langsamen Rinnsal auf den Badenden herabströmte. Trotzdem herrschte jeden Tag ein gewaltiges Gedränge um das Bad. Wäre der Ort sauber gehalten worden, hätte man über diese steinzeitliche Einrichtung hinwegsehen können, aber der Schmutz war unbeschreiblich. Ströme von Seifenlauge, die über den Lehmboden liefen, hatten ihn in etwas verwandelt, das Achsschmiere ähnelte. Man musste sehr aufpassen, um nicht auszurutschen; denn auszurutschen, was oft geschah, bedeutete, mit Schmutz bedeckt zu sein, den auch noch so viel Waschen mit kaltem Wasser nicht entfernen konnte.

Nachdem die Morgentoilette unter diesen herrlichen Bedingungen beendet war, wurde einem der Beamten in jeder Zelle befohlen, das Frühstück zu kochen und den Tisch zu decken. Dies wurde normalerweise abwechselnd erledigt, und wir hatten auch ein sehr gutes Frühstück – das heißt, wenn unsere Pakete regelmäßig von zu Hause ankamen. Es wurden uns keine Messer, Gabeln, Löffel oder Teller zur Verfügung gestellt, auch keine Kochutensilien. Wir waren gezwungen, unseren eigenen Ofen zu kaufen. Die Kohle, die uns jeden zweiten Tag zur Verfügung gestellt wurde, entsprach zwei kleinen Eimern . Das musste reichen, um die Zelle zu wärmen und alle notwendigen Lebensmittel zu kochen. Es gab Zeiten, in denen diese Kohlenzuteilung erheblich unter die Menge sank, besonders während der kältesten Jahreszeit. Einmal konnten wir es uns nur leisten, das Feuer nach 12 Uhr mittags anzuzünden. Das war im Januar, als das Thermometer 32 Grad Celsius unter dem Gefrierpunkt zeigte. Der Leser möge sich vorstellen, was das in einer Steinzelle bedeutet, die 35 Fuß unter der Erde liegt. Wir litten sicherlich nicht unter Feuchtigkeit, da alles aus Eis bestand. Unser Abflussrohr bestand aus massivem, etwa 30 Zentimeter dickem Eis.

Es wurde erklärt, dass wir im November auf den Wällen Übungen machen durften, die einen sehr angenehmen Spaziergang darstellten. Von dieser Höhe hatte man eine gute Aussicht auf die umliegende Landschaft. Es gab keine Schilder, die genau erklärten, welchen Teil der Wälle wir aufsuchen durften. Wir konnten sie daher ungehindert überall entlanggehen. Auf den Kaponnieren mit Blick auf den Graben waren sechs Wachen postiert; es gab also keinen Grund, warum man uns das Gehen oder Sitzen auf den Wällen verbieten sollte, da jeder Teil von Wachen überwacht wurde. Abgesehen davon musste man, um von den Wällen auf die Höhe des Grabens hinabzusteigen, ein sehr steiles, etwa fünfzehn Meter hohes Ufer hinabsteigen. Wer flüchten wollte, schoss dann in die Arme des äußeren Wachrings, der innerhalb und auf gleicher Höhe mit dem Graben postiert war, mit Wachen auf beiden Seiten des Grabens.

Trotzdem eröffnete eines Tages, nachdem wir uns nach Belieben auf den Wällen bewegen durften, der Wachposten auf der Hauptkaponie plötzlich und ohne Vorwarnung das Feuer auf zwei russische Offiziere, die in der Nähe der Brustwehr unter ihm lagen und ein kurzes Stück Sonnenschein ausnutzten. Der Wachposten schoss ohne ersichtlichen Grund auf sie. Zum Glück für die Russen wurden sie nicht getroffen, obwohl es nur eine Frage von Zentimetern war, da der Wachposten nicht mehr als sechzig Schritte von ihnen entfernt war. Dies verursachte natürlich einen furchtbaren Tumult im Lager. Der Wachposten wurde beinahe von den Gefangenen bedrängt. Tatsächlich dachte ich, dass es kommen würde , und tat mein Bestes, um sie zu beruhigen, da die Gefangenen am Ende die Verlierer sein mussten, da Fäuste gegen Gewehre sehr wenig ausrichten, insbesondere innerhalb einer Festung. Innerhalb von ein oder zwei Minuten war das Innere der Festung mit Wachen aus dem Wachraum überschwemmt, und die Gefangenen wurden in ihre Zellen getrieben und eingesperrt.

Der Kommandant war in höchster Erregung, denn er wusste genau, dass es nicht viel brauchte, um die glimmenden Glutreste der überhitzten Gefühle der Gefangenen in Flammen aufgehen zu lassen. Der Wurm wird sich wenden, auch wenn er keine Mittel zur Verteidigung hat , und unsere Behandlung näherte sich rasch der Grenze der kleinlichen Verfolgung. Danach wurde uns die Nutzung der Wälle und der inneren Übungsplätze untersagt, so dass uns nur der kleine gepflasterte Bereich am Eingang der Festung zum Üben blieb.

Gegen Ende November wurde es extrem kalt und unsere Bedingungen wurden unerträglich, da wir nicht genug Kohle zum Heizen hatten. Dies führte zu einer weiteren kleinen Aufmerksamkeit der Boches , ähnlich der oben beschriebenen. Eine Gruppe Gefangener wurde vom Fort in ein anderes Lager verlegt, und eine der Zellen blieb leer. Dies war eine zu gute Gelegenheit, um sie zu verpassen, da möglicherweise ein Teil der Kohle von den gerade gegangenen Offizieren zurückgelassen worden war. Einer der britischen Offiziere besuchte daher die leere Zelle. Nichts hinderte ihn daran, denn er musste nur den Korridor von seiner eigenen Zelle entlanggehen, bis er die andere erreichte. Sofort jedoch steckte er seinen Kopf durch die Tür, und der Wachposten draußen schoss durch das vergitterte Fenster auf ihn. Glücklicherweise verfehlte er ihn, aber das war nicht die Schuld des Wachpostens. Natürlich beschwerten wir uns über diese schändliche Behandlung, und der Kommandant sagte, er würde den Wachposten streng bestrafen, aber es kam nie zu einer Wiedergutmachung.

KAPITEL IX

EIN „BLONDES BIEST" KOMMANDANT

UM das allgemeine Behandlungsschema weiter zu veranschaulichen, werde ich die Art der medizinischen Versorgung beschreiben, die uns zuteil wurde. Ein Arzt aus der Stadt Ingolstadt besuchte uns montags und freitags. Er war ein ganz guter Kerl, obwohl ich ihn nie nüchtern sah und Dutzende Male zu ihm ging. Folglich war er aus medizinischer Sicht ziemlich nutzlos. Als ständigen Assistenten hatte er einen französischen Schäferhund namens Tommy, dessen Aufgabe es war, die Dosen zu verabreichen und sich um allgemeine Fälle zu kümmern, wie z. B. Massagen bei Rheuma, an dem wir alle litten, und das Verbinden lästiger alter Wunden. Dieser Pfleger hatte keine Ausbildung und wurde tatsächlich von uns im Reiben und Verbinden unterrichtet. Er konnte keine Medikamente beschaffen und hatte auch keine Befugnis dazu.

Einmal versuchte ein russischer Offizier gegen Mitternacht Selbstmord zu begehen. Dies geschah im rechten Flügel der Zellen, der nach 21 Uhr durch Türen, die in der Skizze mit W und T gekennzeichnet sind, vom Verwaltungstrakt in der Mitte abgetrennt war . Und obwohl die Kameraden des Offiziers die Tür beinahe einschlugen, um vom Kommandanten medizinische Hilfe zu bekommen, wurde sie abgelehnt. Folglich musste der arme Kerl bis zum Morgen liegen bleiben und bluten, bis er in ein Krankenhaus in der Stadt gebracht wurde. Ich fürchte, es war zu spät, um ihm zu helfen. Aber natürlich durften wir das Ergebnis nie erfahren. Ein anderes Mal bekam ein Offizier in meinem Flügel (dem linken) heftiges Fieber und furchtbare Atemschmerzen, was sich als doppelseitige Lungenentzündung herausstellte. Wir versuchten vergeblich, medizinische Hilfe zu bekommen, aber von der anderen Seite der eisenbeschlagenen Tür aus wurden wir nur ausgelacht und uns wurde gesagt, dass der Schweineoffizier sein Glück versuchen müsse.

Es gab keinerlei Krankenzimmer. Das wäre entschuldbar gewesen, wenn wir in oder in der Nähe einer Stadt gewesen wären, aber da wir fünf Meilen vom Stadtrand entfernt waren, war es unentschuldbar, besonders weil es wegen des ungesunden Zustands des Lagers jedem zu irgendeiner Zeit mehr oder weniger schlecht ging. Fast jeder bekam eine Art Schüttelfrost, und es fiel uns sehr schwer, schlimme Erkältungen und Halsschmerzen zu vermeiden. Gegen Ende Dezember wurde die Kälte so intensiv, dass es unmöglich war, sich warm zu halten. Die einzige Möglichkeit, den Kreislauf in Gang zu halten, war Seilhüpfen. Unsere Kohlenration, die vorher völlig unzureichend gewesen war, wurde knapper. Jetzt konnte sie nur noch zum Kochen verwendet werden . Es musste ein Mittel gefunden werden, um unseren Brennstoff aufzustocken, und das haben wir gefunden. Ich meine die Holztrennwände zwischen den unbesetzten Zellen, auch einige Holztrennwände zwischen den als Latrinen verwendeten Löchern und der Privattoilette des Kommandanten. Diese habe ich und ein anderer Mann, der inzwischen aus Deutschland geflohen ist, abgerissen und in unseren Kochöfen verbrannt, um so viel Wärme wie möglich zu erzeugen. Natürlich dauerte es nicht lange, bis die Boches es herausfanden, und da sie die eigentlichen Übeltäter nicht ausfindig machen konnten, wurde allen Offizieren in der Festung eine so hohe Summe für die Reparatur in Rechnung gestellt, die leider nie durchgeführt wurde, da wir dann einen frischen Vorrat an Holz gehabt hätten, obwohl wir alles verbrannten, was wir in die Finger bekommen konnten. Holz brennt so furchtbar schnell, dass wir damit nur ein paar Wochen über die Runden kamen.

Im Januar stattete die Schweizer Kommission einen weiteren Besuch ab. Obwohl sie zahlreiche Fälle vor sich hatte, wurde nur ein französischer Offizier akzeptiert und schließlich aus Konstanz zurückgeschickt. Die Kommission setzte mich auf die Liste, lehnte es jedoch ab, mich als Sonderfall zu behandeln, da sie keine Aufzeichnungen über meine Verwundung hatte. So endete die Hoffnung, auf Kosten der Boches eine Bahnreise zur Schweizer Grenze zu unternehmen.

Die britischen Offiziere verbrachten im Allgemeinen viele ermüdende Stunden mit Bridgespielen, und aufgrund der begrenzten Lichtverhältnisse während der langen dunklen Winterabende spielten wir ständig nachmittags. Bei einer dieser Nachmittagssitzungen wurden wir bei unserem üblichen Spiel in einer Zelle überrascht, die sich vier britische Offiziere und zwei Franzosen teilten. Einer der französischen Offiziere brach in ein anderes Lager auf und machte so eines der Holzbetten frei. Die Boches hatten durch bittere Erfahrung gelernt, dass ein leeres Bett zu Brennholz verarbeitet wird, und besuchten diese Zelle innerhalb einer halben Stunde nach seiner Räumung, um das Bett an einen sichereren Ort zu bringen. Dies geschah während unseres Bridgespiels. Um das Bett aus der Zelle zu entfernen, musste es auseinandergenommen werden, da die Zellentür nicht breit genug war, um es ganz herauszunehmen.

Beim Zerlegen des Bettes vermisste der mit der Arbeit betraute Zimmermann Boche einiges von seinem Arbeitsmaterial, was zu einer sofortigen Untersuchung unserer Zelle durch den Kommandanten persönlich führte. Während dieser Untersuchung öffnete sich die Zellentür und ein französischer Offizier namens Borgeau trat ein. Als er den Kommandanten sah, begann er sich zu entschuldigen , woraufhin dieser auf ihn losging und ihn ein französisches Schwein und verschiedene andere beleidigende Namen nannte. Borgeau zog sich sehr klugerweise in seine eigene Zelle zurück, die weiter unten im Gang lag; aber er ließ die Tür seiner Zelle offen, um den Kommandanten auf seinem Weg zurück in sein Büro abzufangen und eine Erklärung für diese unnötige Beleidigung zu verlangen. Dies tat er, aber bevor Borgeau Zeit hatte, etwas zu sagen, stürzte sich der Kommandant auf ihn und schlug ihm mit der geballten Faust ins Gesicht und auf die Brust. Gleichzeitig drangen seine beiden Wachen mit gesenkten Bajonetten zusammen mit dem *Feldwebel in die Zelle ein* . Der Kommandant war wie ein wildes Tier, und bei einem seiner wütenden Angriffe auf die Wehrlosen Borgeau überschlug sich und warf seinen eigenen *Feldwebel* von den Füßen. Dies löste bei den anderen Insassen der Zelle schallendes Gelächter aus und steigerte das allgemeine Chaos. Glücklicherweise behielt Borgeau in dieser sehr schwierigen Situation einen kühlen Kopf und widerstand der Versuchung, zurückzuschlagen. Hätte er das getan, wäre er mit Sicherheit erschossen worden.

Später am selben Tag wurden drei britische Offiziere ins Büro des Kommandanten gerufen, um bestimmte notwendige Papiere zu unterzeichnen. Als sie jedoch merkten, dass sie mit dem Kommandanten persönlich zu tun hatten, weigerten sie sich, mit ihm zu sprechen und sagten ihm auf Französisch, dass sie ihre Geschäfte mit dem *Feldwebel abwickeln würden* , da sie ihn (den Kommandanten) weder für einen Gentleman noch für einen Offizier hielten, der für sein Handeln nach der Affäre dieses Morgens verantwortlich wäre, als er einen wehrlosen Gefangenen ohne die geringste Provokation geschlagen hatte. Daraufhin wurden sie sofort in Einzelzellen gesperrt, die zu diesem Zweck im Inneren der Festung eingerichtet worden waren. Zwei Offiziere entkamen innerhalb von etwa zwei Stunden aus diesen Zellen und kehrten in ihre eigenen Zellen zurück. Als dies entdeckt wurde, wurden sie in das Zivilgefängnis der Stadt gebracht.

Wie man sehen wird, ließen wir den Boches als Ausgleich für die niederträchtige Behandlung , die sie uns zuteil werden ließen, *nicht viel Ruhe, wenn sich die Gelegenheit dazu bot. Deshalb wurde unsere Wache in der Festung verdoppelt, was uns sehr freute, da wir das Gefühl hatten, eine Anzahl Männer von der Front fernzuhalten und so dennoch unseren kleinen Beitrag zum Krieg zu leisten* . Natürlich erschwerte es die Flucht ein wenig, aber nicht in nennenswertem Maße. Es war fast unmöglich, mit oder ohne heiler Haut davonzukommen. Unter diesen Umständen machten ein paar mehr oder weniger Wachen keinen großen Unterschied.

Im Dezember freundete ich mich mit einem französischen Offizier an und wir beschlossen, einen Fluchtplan in die Tat umzusetzen, den wir uns ausgedacht hatten. Leider kann ich keine Einzelheiten zu diesem Vorfall preisgeben, da der französische Offizier, der mich bei dem Plan unterstützte, noch immer in Deutschland gefangen gehalten wird und die Umstände so sind, dass jede Erklärung für ihn Vergeltung bedeuten könnte, da wir bei der Flucht großen Schaden angerichtet haben.

Ich habe bereits berichtet, wie einige britische Offiziere und ein Belgier über den zugefrorenen Graben entkamen. Das war einer der besten Versuche, die ich je gesehen habe, da die Chance, lebend die andere Seite des Grabens zu erreichen, nahezu gleich *null war* . Zunächst mussten sie vom inneren Übungsgelände aus, im Blickfeld der oben auf den Kaponnieren stehenden Wachen , über die Kaponnieren stürmen , auf der anderen Seite in einem Winkel von 60° hinuntersteigen, bis zu einer Tiefe von 15 bis 20 Meter, auf den zugefrorenen Graben, der etwa 55 Meter breit war, und dann unter Beschuss etwa 180 Meter über offenes Gelände rennen und einen anderen Kanal überqueren, der nicht zugefroren war. Die Wachen begannen zu schießen, bevor die Fliehenden den Graben erreichten, und feuerten noch lange nachdem sie ihn überquert hatten. Bei dieser Gelegenheit ereignete sich das sprichwörtliche Pech des Fliehenden. Ein Militärwagen kam die normalerweise verlassene Straße zur Festung heruntergerast und blieb auf der Brücke über den äußeren Kanal stehen; eine Truppe von etwa acht oder zehn Boches strömte heraus, und auf diese Weise wurden unsere unglücklichen Offizierskameraden gefangen.

Kapitel X:

Auf dem Weg nach Crefeld

ENDE Februar wurden wir von zwei Vertretern der amerikanischen Botschaft überrascht, denen wir unser Leid klagten und die uns ziemlich deutlich ihre Meinung über die Bedingungen erklärten, in denen sie uns vorfanden. Der Angriff des Kommandanten auf einen wehrlosen französischen Offizier wurde ihnen ausführlich geschildert, ebenso die Tatsache, dass auf Offiziere innerhalb der Festung geschossen worden war, als sie im Erdwerk lagen. Die amerikanischen Vertreter bemühten sich beim Kommandanten nach Kräften, mehr Kohle zum Heizen unserer Zellen und mehr Platz für Übungen zu beschaffen, und baten um die Erlaubnis, dass wir die inneren Übungsplätze X und Y wieder benutzen dürften, die zeitweise für allgemeine Beschießungen gesperrt waren *und* nach dem Fluchtversuch der britischen Offiziere über den gefrorenen Graben dauerhaft für uns gesperrt waren.

Merkwürdigerweise durften wir die Kommission allein treffen, doch nach unserem Gespräch gingen sie zum Kommandanten, der sie in das sogenannte Theater oder Musikzimmer führte, wo der Kommandant zweifellos ins Schwärmen über die Schönheit und die Ausstattung des Theaters geriet und dabei vergaß zu erklären, dass wir nicht hinein durften und dass die Tür verschlossen blieb, sodass die Kommission möglicherweise mit dem Gefühl wegging, dass die Boches letztlich versuchten, die schrecklichen Bedingungen in der Festung dadurch wettzumachen, dass sie uns die Nutzung eines improvisierten Theaters ermöglichten.

, wie viel Augenwischerei in den Lagern für Besuche jeglicher Art, egal ob neutral oder boche , vorbereitet wurde. In den Lagern herrschte ein paar Tage vor dem Besuch reges Treiben wie in einem Bienenstock, in jeder Ecke wurde gefegt und geputzt, sodass sich die allgemeinen Bedingungen für ein oder zwei Tage verbesserten, und gleich nach den Besuchen verfielen sie wieder in den alten Schmutz.

In den letzten Monaten war ein Fluchtplan großen Ausmaßes aus einer Zelle ganz in der Nähe meiner eigenen im Gange. Nach vielen Monaten grausamer Handarbeit war ein Tunnel, der vom Boden der Zelle bis zum Rand des Grabens führte, erfolgreich fertiggestellt worden. Am Tag der Nacht, die für den Versuch ausgewählt wurde, machte das nicht enden wollende Pech der Entflohenen all diese sorgfältig ausgearbeiteten Pläne wieder zunichte. Ein großer Abwasserkarren mit einem enormen Eisenzylinder kam zum Lager, um die Latrinen auszupumpen. Um diese Latrinen zu erreichen, musste der Abwasserkarren den Bodenstreifen überqueren, der die Zellen der Festung vom Graben trennte, und passierte dabei den unterirdischen Tunnel, der an dieser Stelle nicht mehr als einen Meter unter der Erdoberfläche lag. Und obwohl der Tunnel mit jeder möglichen Art von Holz verstärkt worden war, das aus jedem Loch und jeder Ecke innerhalb der Festung gerissen worden war, war das Gewicht des Karrens zu schwer für ihn, und nachdem der Karren vorbeigefahren war, zeigte sich eine tiefe Furche im Boden. Dies wäre dem Wachposten, der an dieser Stelle Posten hielt, vielleicht entgangen, wenn der Karren auf seiner Rückfahrt nicht genau dieselbe Stelle passiert und dabei eine Vertiefung verursacht hätte, die schnell etwa einen Fuß tief wurde. Dem Wachposten entging dies nicht, und er meldete dies der Wache, deren Untersuchung mit Spitzhacken und Schaufeln bald die Wahrheit ans Licht brachte, sodass eine weitere zufällige Entdeckung auf die Liste kam. Als wir herausfanden, dass seit über zwei Jahren kein Versuch unternommen worden war, die Latrinen zu entleeren, wurde das außergewöhnliche Pech noch hundertmal ärgerlicher.

Ende März wurde ich plötzlich zu einem Gespräch mit General Peter, dem Kommandanten des Militärbezirks Ingolstadt, gerufen. Er sprach mich sehr höflich an, was nicht seine Art war, und teilte mir mit, dass ich zusammen mit zwei anderen britischen Offizieren aufgrund unseres vorbildlichen Verhaltens und Gentleman-Benehmens in das beste Lager Deutschlands verlegt werden würde. Ich salutierte und ging, um meine Kameraden in meiner Zelle zu informieren, wo mich Lachen überkam. Mein vorbildliches Verhalten ! Als jeder in der Festung erfuhr, dass ich vom Kommandanten als einer der „gefährlichsten Charaktere" im Lager beschrieben worden war, suchte ich natürlich sofort nach dem Grund, der die Boches dazu veranlasst hatte, mich wegzuschicken, und es dauerte nicht lange, bis ich ihn entdeckte. Ich konsultierte sofort meinen französischen Kumpel, und wir beide steckten die Köpfe zusammen und besuchten den Kommandanten, fanden dort aber keinen Hinweis. Dann gingen wir in die sogenannte *Krankenstube* . Als ich viele neue Medikamente sah, fragte ich den Ordonnanzoffizier, für wen sie bestimmt waren. Er antwortete, dass die Schweizer Kommission uns in ein paar Tagen besuchen würde. Die Gründe für meine Verlegung in ein anderes und besseres Lager wurden sofort erklärt. Von zu Hause aus waren bei der Schweizer Kommission viele Anfragen zu meinem Fall eingegangen und zu dem Grund, warum ich beim letzten Besuch der Kommission nicht in die Schweiz geschickt worden war. Die Boches wussten das und hatten nicht die Absicht, dass die Kommission mich noch immer als Insassen eines solchen Höllenlochs wie Fort 9 in Ingolstadt vorfinden sollte.

Am Morgen des 3. April, also zwei Tage, nachdem mir der alte General Peter gesagt hatte, ich solle in ein schönes Lager geschickt werden, weil ich ein „guter Junge" gewesen sei, kam vom Kommandanten der Befehl, meine Sachen und Habseligkeiten einzupacken. Mein Gepäck war inzwischen sehr umfangreich geworden – mein eigenes Federbett, ein Klappstuhl, eine Kiste mit Lebensmitteln, Kochutensilien, Decken, Kleidung usw. Das Gepäck musste bis drei Uhr im Paketraum sein, damit es der üblichen Durchsuchung unterzogen werden konnte. Sobald im Lager allgemein bekannt war, dass wir Ingolstadt am nächsten Tag verlassen würden und unser Gepäck bis drei Uhr im Paketraum sein sollte, erhielt ich Dutzende von Anträgen der stets wachsamen Gefangenen, die um Erlaubnis baten, zu versuchen, mit meinem Gepäck hinauszuschleichen. Die Erlaubnis wurde den ersten beiden Antragstellern, einem französischen und einem englischen Major, erteilt, von denen einer mit mir Zelle 42 belegte. Zwei große Wäschekörbe wurden von einigen russischen und französischen Offizieren geliehen. In diese wurden die beiden Flüchtenden hineingezwängt, auf ihnen Decken und Kleidungsstücke liegend, und mithilfe einer raffinierten Vorrichtung konnte das Vorhängeschloss von innen aufgeschoben werden.

Die beiden Körbe wurden zusammen mit meinen Kisten und denen der beiden anderen Offiziere, die mich begleiteten, zur vereinbarten Zeit von uns selbst in den Paketraum getragen, wo jeder Offizier seine eigenen Kisten vor dem untersuchenden Unteroffizier der Boche öffnete , der jede Kiste schnell durchsuchte. In diesem Fall wurde das Gepäck der beiden anderen Offiziere zuerst untersucht; dann kam ich an die Reihe. Zu diesem Zeitpunkt war er etwas nachlässig geworden, und als er meine drei Kisten durchgesehen hatte, war er es noch mehr. Die beiden Körbe blieben bis zuletzt übrig. Diese wurden der Reihe nach geöffnet, und ich begann, die obersten Decken herauszuziehen. Mit einer Handbewegung sagte der Unteroffizier „Gut", und die Körbe wurden wie erwartet weitergegeben. Danach rief der Unteroffizier einige französische Ordonnanzen herbei und wies an, unser Gepäck in einer Ecke aufzustapeln. Unglücklicherweise stellten sie einen der Körbe auf den anderen, was sich am Ende als das Verhängnis der ganzen Angelegenheit erwies.

Nachdem das Gepäck übergeben worden war, wurde der Paketraum für die Nacht geschlossen, und es schien eine sehr gute Chance zu bestehen, dass es den Flüchtlingen zumindest gelingen könnte, aus der Festung zu entkommen. Um 17 Uhr wurde die übliche Wache vor der Tür des Paketraums postiert, und alles ging gut bis etwa 19 Uhr, als die Flüchtlinge in den Körben versuchten, aus diesen herauszukommen, um die Schmerzen der Krämpfe zu lindern, die sie in ihrer beengten Lage natürlich überkommen hatten. Es gab überhaupt keinen Grund, warum sie die Nacht in den Körben verbringen sollten, da der Paketraum erst am nächsten Morgen um sieben Uhr geöffnet würde. Selbst wenn der Raum zufällig besucht werden sollte, gab es zwischen den Paketen und Ballen, die den Boden bedeckten, genügend Material, hinter dem man sich verstecken konnte. Mit diesem Ziel im Hinterkopf versuchte der Offizier im oberen Korb, mit möglichst wenig

Lärm herauszukommen. Den Deckel von innen anzuheben war, wie bereits erklärt, ein Kinderspiel, ihn jedoch geräuschlos wieder herauszuziehen, war eine ganz andere Sache, da jede Bewegung im oberen Korb durch ein lautes Knarren im unteren Korb registriert wurde, und bevor es den beiden Beamten gelang, sich zu befreien, war der Verdacht des Wachpostens draußen geweckt, eine Durchsuchung eingeleitet und das Komplott aufgedeckt worden.

Als ich zu meinem eigenen Posten zurückkehrte, erwartete ich nun eine Benachrichtigung vom Kommandanten, dass meine Verlegung in ein anderes Lager abgesagt worden sei, da ich diesen beiden Offizieren geholfen hatte, in meinem Gepäck zu fliehen. Aber es wurde kein solcher Befehl ausgegeben, was mir mehr denn je bewies, dass die Behörden in Ingolstadt mich aus einem sehr guten Grund unbedingt loswerden wollten. Ich vermutete, dass es sich dabei um den erwarteten Besuch der Schweizer Kommission handelte. Nun erreichten uns von einem der französischen Ordonnanzoffiziere die Information , dass eine Gruppe von Offizieren, die aus allen anderen Gefangenenlagern in und um Ingolstadt zusammengezogen worden waren, am nächsten Tag in das Lager in Crefeld geschickt würde. Diese Information war während einer Unterredung zwischen dem Ordonnanzoffizier und einem anderen französischen Ordonnanzoffizier zu uns gekommen, der am Vortag aus einem der Lager, das gerade aufgelöst wurde, in der Festung angekommen war. Wir waren uns daher ziemlich sicher, dass unser Ziel ebenfalls Crefeld sein würde , da wir alle am selben Tag abreisten. Und wenn der alte General Peter die Wahrheit gesagt hatte, musste es Crefeld sein , da er gesagt hatte, es sei das beste Lager in Deutschland.

In dieser Nacht erhielten wir den Befehl, am nächsten Morgen um fünf Uhr abfahrbereit zu sein, und ich hatte viel zu tun und bestimmte Vereinbarungen mit den Freunden zu treffen, die ich zurücklassen wollte, falls mir meine Flucht gelingen sollte. In den vergangenen Monaten hatte ich Ingolstadt und seine entsetzlichen Bedingungen satt, aber jetzt, da ich am nächsten Tag tatsächlich aufbrechen musste, überkam mich ein gewisses Gefühl des bevorstehenden Verlusts und ein Gefühl extremer Niedergeschlagenheit, diese guten Kerle zurückzulassen. Das Lager war schlimm – nichts hätte schlimmer sein können; aber dennoch kam mir der Gedanke: „Es ist besser, das Übel zu ertragen, das wir haben" usw.; und nur Gott wusste, was die Zukunft für mich bereithalten würde. Man hängt außerordentlich an seinen Mitmenschen, mit denen man große Prüfungen durchgemacht hat.

Doch genug der Sentimentalität. Einige meiner Kameraden wetteten untereinander, ob mir die Flucht gelingen würde oder nicht, und ich bin sicher, dass diejenigen, die verloren, dies mit größtem Vergnügen taten. Am nächsten Morgen um 4.30 Uhr wurden wir drei vom Kommandanten gerufen und machten die übliche Durchsuchung durch, die wir alle recht zufriedenstellend bestanden. Trotzdem entgingen den wachsamen Augen der Boches eine kleine Wellblechfeder, ein Messer, ein Schraubenzieherstück, ein Kompass und eine Taschenlampe : Ich möchte nicht sagen, wie, denn es gibt dem Feind nur wertvolle Informationen.

Um 5.30 Uhr schüttelten wir den Staub der Festung von unseren Füßen. Wie bereits erklärt, waren wir zu dritt und mussten über acht Kilometer zum Bahnhof laufen. Wir hatten den Befehl erhalten, alles Notwendige für drei Tage in Form von Lebensmitteln, Kleidung usw. mitzunehmen, also stellten uns die freundlichen Boches ein paar Ordonnanzen zur Verfügung, die unser Handgepäck tragen sollten. Ich hätte wohl überrascht und dankbar sein sollen, überhaupt Hilfe zu bekommen, aber eigentlich war ein halbes Brot besser als gar keins, da zwei Ordonnanzen unmöglich die Menge unseres Handgepäcks tragen konnten; daher hatten wir einen sehr heißen und ermüdenden Fußmarsch vor uns, wobei wir das Gepäck auf unseren Schultern trugen, ohne dass unsere Wachen sich bemühten, uns zu helfen. Schließlich kamen wir jedoch stark schwitzend am Bahnhof an, obwohl es zu der Zeit eiskalt war. Am Bahnhof waren wir überrascht, einen großen Karren voller Gepäck zu sehen, das sehr englisch aussah und das einer Gruppe von Offizieren gehörte, die wir am Bahnhof entdeckt hatten. Es waren, soweit ich mich erinnern kann, etwa fünfundzwanzig Stück, eine Sammlung aus allen Lagern in Ingolstadt und Umgebung.

Es wurden viele Fragen gestellt, als man erfuhr, dass wir gerade aus dem berüchtigten Fort Nr. 9 kamen. Von diesen Offizieren erfuhren wir, dass wir zu einem Lager namens Crefeld unterwegs waren , das ganz nahe an der niederländischen Grenze lag und angeblich das beste Lager Deutschlands war. Auf vielen Gesichtern war die Zufriedenheit darüber deutlich zu sehen, so nahe an die Grenze zu kommen. Gegen 7 Uhr morgens kam unser Zug an, und der deutsche Offizier, der die Gruppe leitete, teilte uns einen Wagen zweiter Klasse zu. Unsere Wache bestand aus diesem Offizier, einem derben bayerischen Leutnant mit Kugelkopf, und, wenn ich mich recht erinnere, etwa neun Mann, die alle voll bewaffnet waren und offensichtlich ermahnt worden waren, die Augen offen zu halten. Der bayerische Offizier zählte uns durch und teilte jedem Abteil eine bestimmte Anzahl Offiziere zu und jeder Gruppe einen Wachmann. Als er zu uns kam, sagte er: „Oh ja, Fort 9, Sie werden in einem eigenen Abteil sein", und er befahl drei Wachen, auf uns aufzupassen. Das war ganz und gar nicht zufriedenstellend und sah für unser Unternehmen sehr schlecht aus. Es gab jedoch kein Entkommen. Das Einzige, was uns blieb, war, die Situation mit der größtmöglichen Würde hinzunehmen und darauf zu vertrauen, dass unser Verstand uns helfen würde, die drei Wachen zu überlisten.

Gegen 7.30 Uhr fuhr der Zug ab, woraufhin ich erleichtert aufatmete, da ich spürte, dass Fort 9 zumindest hinter mir lag und vor mir enorme Fluchtmöglichkeiten lagen. Zum ersten Mal seit zweieinhalb Jahren war ich einigermaßen fit; ich saß in einem Zug, der in Richtung der Nordgrenze Deutschlands fuhr; mit jeder Meile kam ich dieser und meiner Heimat näher, und ich hatte das wunderbare Gefühl, dass die deutsche Regierung zumindest einen Großteil meiner Heimreise bezahlen musste, während ich bequem in einem Eisenbahnabteil zweiter Klasse reiste. Ich war fest davon überzeugt, dass ich aus dem Zug entkommen würde, obwohl die Umstände unserer Lage unter den Wachen im Moment nicht sehr hoffnungsvoll aussahen; aber da lag so etwas in der Luft, aufgeregtes Zittern lief mir über den Rücken.

Die Durchführung unseres Vorhabens, uns bei unseren Wachen einzuschmeicheln, war von größter Wichtigkeit, da wir nie wissen konnten, wie bald unsere Gelegenheit kommen würde. Daher begannen wir zunächst ein freundliches Gespräch mit ihnen, das wir mit Hilfe von Zeichen und ein paar Worten in gebrochenem Französisch und Deutsch führten. Wir benutzten nur sehr wenige deutsche Wörter, um keinen Verdacht zu erregen, dass wir ihre Unterhaltung verstehen könnten. Auf diese Weise erfuhren wir ein oder zwei kleine interessante Dinge: Erstens, dass wir voraussichtlich erst am Abend des nächsten Tages an unserem Bestimmungsort ankommen würden, und auch, dass das Lager, das wir ansteuerten, tatsächlich Crefeld war .

Gegen acht Uhr kam der Ball richtig ins Rollen, als einer der Wachmänner plötzlich sagte: „Der Kriegs nicht gut." Wir waren uns einig, dass der Krieg die Hölle war und dass wir wieder in Frieden mit unseren Familien und mit reichlich zu essen sein wollten, denn es gab „ viel essen " in England; worauf sie antworteten: „ Kein essen in Deutschland", und wir antworteten, dass die Kriegsgefangenen den Mangel an Nahrung in Deutschland mehr spürten als die deutschen Soldaten, dass wir aber reichlich von zu Hause bekämen, sodass wir uns sehr gut geschlagen hätten, woraufhin ich meinen Koffer öffnete und den gierigen Augen der Hunnen eine ganze Menge Dosenfleisch verschiedener Art präsentierte. Dies war eine gute Gelegenheit, unsere Freundschaft zu festigen, also begannen wir, ein gutes, kräftiges Frühstück aus Zunge und Hühnchen zuzubereiten, bei dem es uns gelang, sie dazu zu bewegen, sich uns anzuschließen; sie boten uns einen Anteil heißen Kaffee aus ihren Wasserflaschen an, und wir machten uns alle ziemlich daran. Ach! Mit welchem Schmerz sah ich, wie mein begrenztes Essen die Kehlen der Hunnen hinunterrutschte; aber es war unsere beste Strategie, und ich muss sagen, dass die nachfolgenden Ereignisse es rechtfertigten, ihnen eine anständige Mahlzeit zu geben. Zwei der Wachen waren jetzt so entspannt, dass sie sich dem Komfort hingaben, ihre Gürtel lösten und ihre Gewehre auf die Ständer legten; der dritte jedoch hielt sein Gewehr griffbereit, aber ich glaube nicht, dass er dachte, dass es notwendig sein könnte. Nach dem Frühstück haben wir alle ein Nickerchen gemacht – zumindest haben wir so getan. Zwei der Boches sind auf jeden Fall für eine Weile eingeschlafen.

Gegen Mittag erreichten wir einen Bahnhof, wo die Waggons rangiert wurden. Während dieser Zeit durften wir uns auf dem Bahnsteig die Beine vertreten und an einem Stand heißen Kaffee trinken, der gar nicht so schlecht war. Während wir um den Kaffee feilschten, hielt ein Zug an einem anderen Bahnsteig an, der eine Menge Tageszeitungen mitbrachte, über die allgemeine Aufregung zu herrschen schien. Einige wurden zu unserem Bahnsteig gebracht, und wir versuchten, uns heimlich eine zu schnappen, ohne Erfolg, aber nicht bevor einer oder zwei von uns die Schlagzeilen der Zeitung gelesen hatten. Die Nachricht verursachte bei uns ebenso viel Aufregung wie bei den Boches , denn es handelte sich um nichts Geringeres als die offizielle Kriegserklärung der Vereinigten Staaten. In normalen Zeiten hätte uns dies monatelang Gesprächsstoff geboten, aber für den Moment hatten wir andere Sorgen und vergaßen es bald ganz; gleichzeitig waren wir alle überglücklich über den niedergeschlagenen, mürrischen Ausdruck der Boches- Zivilisten am Bahnhof.

KAPITEL XI

WIR SPRINGEN AUS DEM ZUG

KOMMEN WIR zu unseren eigenen Angelegenheiten zurück. Als der Zug wieder losfuhr, beschlossen wir, alles über die Waggons herauszufinden, in denen wir uns jetzt befanden. Dazu war es notwendig, die anderen Abteile zu besuchen, ohne natürlich den Verdacht eines der Wachleute zu erregen. Also kam ich wieder mit einem von ihnen ins Gespräch und fragte ihn, wie viele Gefangene sich im Zug befänden, ob sie alle in dasselbe Lager fuhren, ob sie gerade erst gefangen genommen worden oder alt seien, aus welchen Lagern sie kämen usw. Dann deutete ich an, dass ich vorbeigehen und mich mit ihnen unterhalten wolle; vielleicht gehörten einige zu meinem eigenen Regiment. Dies schien ihn überhaupt nicht zu beunruhigen, und es gab auch keinen Grund dafür, da der Waggon aus sechs Abteilen bestand, die an einer Seite durch einen Gang abgetrennt waren. In diesem Land begegnet man ihnen manchmal, und wenn man aufsteht und über den Sitz blickt, kann man in das nächste Abteil sehen. Also schlenderte ich zum nächsten Abteil, setzte mich zu den Leuten dort und begann bald ein angeregtes Gespräch. Ich bemerkte jedoch, dass mir einer der Wachmänner gefolgt war und im Gang stand. Nach etwa einer halben Stunde hatte er genug davon und ging zu seinem Platz zurück, und ein paar Minuten später kehrte auch ich zu meinem eigenen Platz zurück. Das schien ihn ganz zu beruhigen, und als es Abend wurde, hatte ich alle Abteile besucht und zu meiner großen Freude festgestellt, dass das hintere Abteil vier Offiziere ohne Wachmann beherbergte.

Boche- Offiziere und der restlichen Wache herauszufinden , was wir erst gegen 22.30 Uhr an jenem Abend erfuhren, als wir in einer Stadt ankamen, um dort die Nacht zu verbringen. Den Namen des Ortes kenne ich nicht, da ich nirgends einen Namen geschrieben sehen konnte, denn es brannte nur sehr wenig Licht auf dem Bahnhof und es war stockfinstere Nacht. Als wir aus dem Zug ausstiegen, wurden wir in eine Art Rotkreuzunterstand auf dem Bahnsteig geführt, wo wir etwa eine Dreiviertelstunde warteten, dann wurden wir in Vierergruppen aufgeteilt und marschierten etwa anderthalb Meilen durch die Stadt zu einem großen Gebäude, offensichtlich einer Art Erziehungsanstalt, die vorübergehend in ein Aufnahmekrankenhaus umgewandelt worden war. Hier führte man uns in eine große Halle, die vor dem Krieg zweifellos als Turnhalle genutzt worden war und jetzt voller zusammenklappbarer Feldbetten war. Auf diesen mussten wir, wie man uns mitteilte, bis vier Uhr am nächsten Morgen schlafen, dann sollten wir wieder losmarschieren. Diese Betten sahen für viele von uns sehr verlockend aus, und ich persönlich nutzte das mir zugewiesene Bett voll aus, da ich sicher war, dass es noch viele lange, anstrengende Tage dauern würde, bis ich wieder die Chance auf eine gute Ruhepause hätte – falls ich in diesem Leben überhaupt jemals wieder eine brauchen würde. Die Nacht verlief ohne Zwischenfälle, und wir wurden gut bewacht.

Am nächsten Morgen marschierten wir um 4.30 Uhr wieder los und erreichten den Bahnhof etwa um 5 Uhr. Hier wurden wir noch einmal in die Raststätte des Roten Kreuzes geführt, wo wir die Nacht zuvor verbracht hatten. Wir bekamen heißen Kaffee, Brot und ein Stück Blutwurst zum Preis eines Preises; ich persönlich war jedoch sehr dankbar, denn es war die letzte Mahlzeit, die ich für fünf Tage zu mir nehmen sollte, obwohl ich das damals natürlich noch nicht wusste.

Um sechs Uhr bestiegen wir wieder den Zug, und ich stellte mit Genugtuung fest, dass wir denselben Waggon wie am Vortag hatten. Leider war es jetzt der vordere des Zuges, denn jeder, der versuchte, unseren Waggon zu verlassen, musste zwangsläufig von einer Person gesehen werden, die aus den hinteren Waggonabschnitten herausschaute. Ich merkte mir besonders, wo sich unser Schaffner befand, und stellte fest, dass er und der Schaffner, den ich am Abend zuvor verpasst hatte, sich im Waggon neben unserem befanden. Wie bei englischen „Pullmans“ konnte man über die gesamte Länge des Zuges von einem Waggon zum anderen wechseln, und ich nehme an, er hatte das Gefühl, dass er uns vom nächsten Waggon aus ausreichend im Auge hatte.

Als wir unsere zugewiesenen Plätze in unserem Waggon einnahmen, stellten wir erfreut fest, dass das vordere Abteil, das am Vortag das hintere gewesen war, wieder unbewacht war. Es geschah nichts Nennenswertes bis nach Tagesanbruch, als wir den Rhein bei Frankfurt überquerten. Gegen 10 Uhr hielten wir an einer Raststation und durften wieder aussteigen und uns die Beine vertreten. Diesmal gab es nichts zu essen oder zu trinken und es war sehr kalt. Meine beiden Begleiter und ich fanden also einen kleinen Warteraum, gingen hinein und schlossen die Tür – natürlich um uns warm zu halten! Nach etwa zehn Minuten ertönte das Pfiff zur Abfahrt des Zuges, aber unser Schaffner hatte festgestellt, dass er nicht seine volle Anzahl an Gefangenen bekommen hatte und dem Lärm nach zu urteilen, den er machte, als er seine Männer anschrie, schien er darüber ziemlich aufgeregt zu sein. Bei einer wilden und aufgeregten Durchsuchung wurden wir dabei entdeckt, wie wir unschuldig nichts taten. und obwohl wir ziemlich heftig beschimpft wurden, half es ihnen zweifellos, jeden Verdacht zu zerstreuen, dass wir mögliche Entflohene sein könnten, und zwar so sehr, dass, als der Zug tatsächlich abfuhr, einer der drei Schaffner nach einer geflüsterten Absprache mit dem Boche- Offizier aus unserem Abteil geholt wurde und zu seinem Kameraden ins Offiziersabteil ging. So blieben wir zu zweit in unserem Abteil, und die Dinge begannen sich für uns zu bessern. Von da an passierte bis Mittag nichts Besonderes mehr, außer dass ich mich genau so fühlte, als würde ich mich in einen Zahnarztstuhl setzen, und die Uhr schien stillzustehen, obwohl der Zug jetzt viel schneller fuhr als zuvor.

Gegen ein Uhr hielten wir an einem Bahnhof, wo wir einen weiteren unserer Wachmänner absetzten. Dieser entdeckte plötzlich, dass sein Kumpel, der sich dem anderen Wachmann angeschlossen hatte, sein Essen mitgenommen hatte, und machte sich auf die Suche danach – und zu unserer Freude kam er nicht zurück. Wir hatten jetzt nur noch einen Wachmann in unserem Abteil und vier weitere im Abteil vor uns. Nachdem wir losgefahren waren, nahm der Zug an Geschwindigkeit zu und unsere Hoffnungen begannen wieder zu sinken. Wenn der Zug bis zum Ende der Fahrt so weiterfuhr, kam ein Absprung nicht in Frage. Dies geschah unmittelbar, nachdem der Wachmann versetzt worden war, und wir hatten nur noch einen Wachmann in unserem Abteil.

Wir sahen uns an und sagten einstimmig: „Na, was ist denn nun?“ Angenommen, wir könnten erfolgreich entkommen, dann müssten wir mit der größtmöglichen Geschwindigkeit zu jenem Teil der niederländischen Grenze vordringen, der unserer Meinung nach der beste Ort für einen Fluchtversuch war und aufgrund seiner Lage in den Sümpfen wahrscheinlich weniger gut bewacht sein würde. Unser Vorankommen in Deutschland würde dadurch ernsthaft behindert werden, dass wir keine Karte der eigentlichen Grenze hatten und nur ein kleines Stück Karte von etwa drei Zoll im Quadrat besaßen, auf dem das Eisenbahnnetz eingezeichnet war, auf dem wir tatsächlich liefen, und das stimmte nicht einmal mit einer großen Blechkarte überein, die das deutsche Nordwest-Eisenbahnnetz einzeichnete und an die Wand des Abteils genagelt war.

Wir machten uns also daran, diese Karte auswendig zu lernen, soweit sie unsere mögliche Route beeinflussen würde, und um eine genaue Vorstellung von unserer genauen Position auf den Eisenbahnschienen zu bekommen, wenn die Zeit für den Versuch gekommen war. Dies geschah natürlich, indem wir uns die Stationen, die wir mit dem Zug passierten, sorgfältig einzeln merkten und die Karte zu Rate zogen.

Mir persönlich schien diese Karte etwas Ähnliches ins Gehirn gebrannt zu haben, insbesondere die Abzweigungen, die nach Westen führten und über zahlreiche kleine Flüsse und schließlich über eine Seenkette führten, die letztlich unser Ziel sein würde. Dann entwarfen wir einen groben Plan, wie der Versuch erfolgreich abgeschlossen werden sollte. Als mein Plan von den anderen beiden akzeptiert wurde, wurde entschieden, dass ich das Recht hatte, es zuerst zu versuchen – die anderen beiden warfen mit einer Münze um das Recht auf den zweiten Platz. Nachdem dies entschieden war, musste ein weiterer wichtiger Faktor besprochen werden, und zwar der, dass sich erstens etwa 25 weitere britische Offiziere in den Abteilen hinter uns befanden. Das letzte dieser Abteile war unbewacht und daher das beste, aus dem man entkommen konnte. Zweitens könnten sich einige dieser Offiziere in anderen Abteilen befinden, die eine Gelegenheit nutzen wollten, sollte sie sich ergeben. Wenn sie dies ohne unser Wissen täten, würde das unsere Chance ruinieren; und wenn wir andererseits ohne ihr Wissen zu entkommen versuchten, würden wir ihre Chance ebenso vermasseln. Da wir alle zusammen britische Offiziere waren, beschlossen wir, es denjenigen mitzuteilen, die aussahen oder sich so verhielten, als suchten sie nach einer Gelegenheit, den Zug zu verlassen.

Also verließ ich unser Abteil und unterhielt mich nacheinander mit den Offizieren in allen anderen Abteilen, sah aber keine Anzeichen irgendwelcher Vorbereitungen, bis ich die letzten beiden Abteile erreichte, wo ich Anzeichen unterdrückter Aufregung fand. Der Wachposten in meinem eigenen Abteil schien nichts dagegen zu haben, dass ich die anderen besuchte, wo ich, wie er wusste, unter das Auge des Wachpostens geriet, der für jedes Abteil zuständig war. Die Tatsache, dass im letzten Abteil kein Wachposten war, war ihm offensichtlich entgangen. Ich entdeckte sechs weitere Offiziere, die von einem Versuch sprachen, und besprach meine Pläne mit dem Vorgesetzten und zwei anderen von ihnen, woraufhin ich in mein eigenes Abteil und zu meinen Begleitern zurückkehrte.

Dann ging ich zur Toilette, wohin mir der Wachposten folgte. Er postierte sich draußen, ließ das Fenster auf der Toilettenseite des Zuges herunter und lehnte sich hinaus. So wollte ich nicht ohne sein Wissen aus dem Toilettenfenster steigen. In der Toilette schnitt ich zuerst das Fernmeldekabel durch; dann nahm ich eine verzinkte Feder, die ich im Absatz meines Stiefels versteckt hatte, und band das abgebrochene hintere Ende dieses Kabels an eine der Fernmeldekabel-Durchführungen , damit es im Gang hinter mir herausgezogen werden und an seinen Platz zurückspringen konnte, ohne das Signal weiter nach oben im Zug zu übertragen. Danach holte ich meinen Rucksack aus Sackleinen aus dem Futter meines Trenchcoats und packte die Reste meines Reiseproviant hinein. Dann schnallte ich mir den Rucksack auf den Rücken und als ich aus der Toilette kam, manövrierte ich mich so, dass der Wachposten auf dem Weg zurück zum Abteil vor mir herging, damit er nicht sah, dass ich einen Buckel bekommen hatte. Als ich mich hinsetzte, studierte ich noch einmal den Eisenbahnplan in unserem Abteil, bis ich das Gefühl hatte, die allgemeinen Richtungen der Eisenbahnen auswendig zu können, die uns unterwegs wahrscheinlich helfen würden .

Als nächstes mussten wir die Tür des Waggons im hinteren Abteil öffnen. Bevor wir unser Ende des Zuges verließen, beschlossen wir, dass ich als Zeichen zum Aufbruch mein Taschentuch aus dem Fenster auf der linken

Seite des Zuges werfen sollte, da ein Versuch nach Möglichkeit von der rechten Seite erfolgen musste – erstens, weil sich auf der rechten Seite der Korridor befand, und zweitens konnte der Wachposten unmöglich von einem fahrenden Zug aus auf der rechten Seite auf uns schießen, es sei denn, es waren Schüsse von links, was wir riskieren mussten, obwohl die Chancen sehr zu unseren Gunsten standen . Wieder besuchte ich unsere Freunde in den hinteren Abteilen und teilte ihnen mit, dass wir den Versuch starten würden, sobald die Dämmerung einsetzte – früher, wenn der Zug seine Geschwindigkeit ausreichend verlangsamte, um uns die geringste Gelegenheit dazu zu geben.

Wir passierten gerade die waldreiche Gegend bei Bonn und die Aussicht war ganz herrlich. Das Licht begann schnell zu schwinden und meine Nerven waren aufs Äußerste angespannt. Als ich mit dem Wachposten im nächsten Waggon in Kontakt kam, begann ich, die Schönheit der Aussicht zu schildern und stellte ihm diese oder jene Frage, über die er sich sehr freute. Tatsächlich verstanden wir uns so gut, dass ich nach wenigen Minuten das Fenster heruntergelassen hatte und mich halb nach rechts hinauslehnte. Während wir einstimmig ein besonderes kleines Detail lobten, kroch meine rechte Hand fast bis zur vollen Armlänge aus dem Fenster und hob den äußeren Riegel an, woraufhin ich das Interesse an der Aussicht verlor und der Wachposten in sein Abteil zurückkehrte, während ich in das hintere ging. Der Zug war bis zu diesem Zeitpunkt mit einer Geschwindigkeit von etwa fünfzig Meilen pro Stunde gefahren, was uns keine Chance ließ, da wir auf Metallschienen und Schwellen springen mussten, die mit zerbrochenem Granit gefüllt waren.

Gegen sieben Uhr erreichten wir einen kleinen Bahnhof und dachten, unsere Chance käme, als wir losfuhren, bevor der Zug Fahrt aufnehmen konnte. Doch gerade als wir losfuhren und einen Bahnübergang erreichten, fanden wir eine Kompanie Boche- Soldaten, die auf beiden Seiten der Strecke aufgestellt waren, und die Chance war vertan. In diesem Moment stellten wir fest, dass ein fremder Boche das Abteil betreten hatte. Es stellte sich heraus, dass es sich um einen Bahnbeamten handelte, der gekommen war, um das Licht anzumachen. Er blieb nur ein paar Minuten bei uns. Uns kam es wie eine Ewigkeit vor. Würde er denn nie gehen? Schließlich fuhr er weiter den Zug hinauf, und wir begannen, in eine andere Kleinstadt einzufahren. Doch der Zug hielt vor einem weiteren Bahnübergang, mit einer Menge Boche- Zivilisten auf beiden Seiten.

Nach etwa einer Minute setzte sich der Zug wieder in Bewegung und nahm sehr schnell Fahrt auf. Etwa eine Meile vor uns konnten wir die Lichter einer großen Stadt sehen. Dies könnte unser Ziel sein, aber wir wussten es nicht. Ich teilte meinen Verbündeten mit, dass es meiner Meinung nach jetzt oder nie hieße. Die Unmöglichkeit, in diesem Moment zu springen, schien allen außer mir tief bewusst zu sein. Ich ließ jedoch das Taschentuch fallen, ging auf die andere Seite, drehte den Griff und sprang heraus. Ich rappelte mich auf und rannte in die entgegengesetzte Richtung des Zuges, wobei ich in der Mitte des Gleises blieb. Es war unmöglich, hier die Gleise zu verlassen, da beide Seiten von Häusern gesäumt waren; also rannte ich weiter und hoffte auf eine Lücke zwischen den Häusern in Richtung des offenen Landes. Als ich den Bahnübergang passierte, bemerkte ich, wie sich die Schranken zu heben begannen und die Menge der Zivilisten sich zum Überqueren bereit machte. Hinter mir hörte ich einen Schrei und das Getrappel rennender Füße und dachte, eine Menschenmenge würde mir folgen. Daraufhin verdoppelte ich meine Anstrengungen. Doch bald wurde mir klar , dass mir meine lange Gefangenschaft zu schaffen machte und ich nicht mehr viel weiter konnte.

Dann dämmerte es mir, dass ich ohne meinen Trenchcoat besser laufen konnte . Visionen von dem langen, nassen Weg, der vor mir lag, und der Möglichkeit, dass ich ohne ihn rheumatisches Fieber bekommen könnte; aber ich atmete schnell, also blieb mir keine andere Wahl. Also warf ich beim Laufen den kostbaren Mantel von mir. Zu diesem Zeitpunkt war ich fast fertig, und das Gewicht des Rucksacks mit meinem Essen für die Reise ließ meine Schultern schmerzen, sodass ich auch ihn abwarf. Noch fünfzig Meter und das Ende der Stadt war in Sicht, aber vorher erspähte ich eine Lücke zwischen den Häusern, auf die ich zusteuerte. Diese führte nur in eine Sackgasse. Die einzige Alternative bestand darin, über einen Zaun in einen Garten zu gelangen, und dann noch einen und noch einen, durch einen Maschendrahtzaun und in einen Gemüsegarten. Nach ein paar Minuten gesellten sich drei andere zu mir , die, wie ich zu meiner Freude feststellte, drei meiner Gefährten aus dem hinteren Abteil waren. Hier machten wir eine Pause, und ich holte meinen versteckten Kompass heraus, um die Peilung vorzunehmen. Nachdem dies erledigt war, machten wir uns nach etwa einer Viertelstunde bereit zum Aufbruch.

Wir stießen zunächst auf ein großes Haus mit Garten, der von Stacheldraht umgeben war. Wir drängten uns hinein, waren aber vorübergehend gefangen, da wir keinen Weg auf die andere Straßenseite fanden. Wir mussten auf demselben Weg zurückgehen und einen Umweg um das Haus machen, um uns einer Hauptstraße gegenüberzufinden, auf der ab und zu Fußgänger vorbeikamen. Inzwischen war der Mond aufgegangen, sodass wir weit sehen konnten, aber gleichzeitig die Gefahr stieg, beobachtet zu werden. Glücklicherweise verschwand er glücklicherweise hinter dicken Schäfchenwolken. Da wir die Straße vor uns für ein zu gefährliches Hindernis hielten, um sie zu überqueren, machten wir einen Umweg von etwa einer halben Meile und nahmen erneut Kompasspeilung. Wir nahmen diese Peilung regelmäßig vor, als mir plötzlich auffiel, dass wir direkt auf den Mond zusteuerten und daher fast nach Süden, zumindest nach Südwesten, was überhaupt nicht unser Ziel war. Wieder nahmen wir eine Peilung mit dem

Kompass vor, was mir das Gegenteil zu beweisen schien. Aber ich weigerte mich hartnäckig, zu glauben, dass ich Unrecht hatte, und dies führte zu Ärger zwischen mir und den leitenden Offizieren unserer Expedition.

Eine richtige und korrekte Peilung vorzunehmen, war eine ziemlich schwierige Aufgabe. Wir mussten uns auf den Boden legen, bedeckt von jemandes Mantel, um in Sicherheit ein Streichholz anzuzünden, ohne aufzufallen, denn sonst war es uns unmöglich, den Kompass genau genug einzustellen. Als wir das Glas vom Kompass entfernten, stellten wir fest, dass die Achat-Peilung gesprungen war, was dazu führte, dass der Kompass schwang und stecken blieb. Das muss passiert sein, als ich aus dem Zug sprang. Ich teilte diese Information meinen Kameraden zunächst nicht mit, da ich dachte, dass sie zu große Bestürzung auslösen könnte; denn man muss bedenken, dass sie alle noch vor ein paar Stunden Fremde für mich gewesen waren, und ich war mir daher nicht sicher, mit welcher Art und welchem Kaliber die Männer waren, mit denen ich es zu tun hatte.

Wir gingen ein paar hundert Meter weiter, bis ich, zum Missfallen der anderen, erneut beschloss, eine Peilung vorzunehmen, was mir viel Zeit kostete, indem ich die Kompassspitze vorsichtig an den Rand der Achatpeilung legte und sie langsam bis zum Stillstand schwingen ließ. Obwohl die Nadel in der Mitte nicht ausbalanciert war , war sie so ausbalanciert, dass sie frei schwingen konnte. Dann legte ich eine genaue Linie in Richtung Westen fest, in Verbindung mit dem aufgehenden Mond, dem Polarstern und Kassiopeia, und legte einen direkten Kurs fest, von dem wir, mit Ausnahme kleiner Abweichungen zur Vermeidung gefährlicher Hindernisse auf unserem Weg, nie abwichen, bis wir die niederländische Grenze überschritten hatten. Es war harte Arbeit, durch Gewaltmarsch Zeit zu gewinnen , da wir auf den Boden achten mussten, um Fallgruben für die Füße zu finden, und auf den Himmel, um die Richtung zu bestimmen.

Kurz nachdem wir die letzte Richtung eingeschlagen hatten, überquerten wir eine weitere elektrische Eisenbahnlinie und einen hell erleuchteten Bahnhof, und hier schien es unserer aufgeregten Vorstellungskraft, als ob die Leute in den hell erleuchteten Waggons, die an einem der Bahnhöfe warteten, an etwas interessiert oder aufgeregt waren. Alle Insassen hatten ihre Nasen an die Scheibe geklebt und schauten auf irgendetwas, während die starken Scheinwerfer das Land um uns herum absuchten und unsere ausgestreckten Körper oft wie am Tag beleuchteten. Unzählige Waggons schienen zu kommen und zu gehen, und wir wagten es nicht, uns unter solchen Bedingungen zu bewegen. Zu unserer großen Erleichterung ließen die Züge jedoch bald nach und wir konnten gut und stetig vorankommen. Es begann sehr stark zu frieren, die Wolken verschwanden und der Mond wurde intensiv hell, was uns natürlich ungemein half; aber wir konnten ihn damals nicht sehen, da unsere Nerven zu angespannt waren. Ich persönlich fühlte mich, als wäre ich nackt und die ganze Welt würde mit angehaltenem Atem zuschauen. Der starke Frost war uns auch von Vorteil, da wir uns ausschließlich auf offenem Gelände bewegten, meist über gepflügte Felder, und statt des üblichen langsamen Vorankommens auf dem Pflug gingen wir darauf wie auf einem Pflaster, sodass wir ausgezeichnet vorankamen. Gleichzeitig war bei jeder Bewegung Vorsicht geboten. Wir überquerten nie eine Straße, ohne sie vorher zu erkunden, und kamen nie an einen Bauernhof oder sogar eine Scheune, ohne einen großen Bogen darum zu machen. Was wir mehr als alles andere fürchteten, war, dass ein Hund anfangen könnte zu bellen und sein Besitzer herauskommen könnte, um nach dem Grund zu sehen.

Wenn ich auf diesen ersten Treck zurückblicke, komme ich zu dem Schluss, dass uns das Glück einmal hold war . Ich glaube nicht, dass wir jemals einen Fehltritt gemacht haben, was wirklich Glück war. Wir marschierten bis etwa 3 Uhr morgens zügig und näherten uns dann einer Hauptstraße, an der sich zwei große Dörfer befanden, die kaum mehr als eine halbe Meile voneinander entfernt lagen. Ein Späher ging voraus, um die Lage zu untersuchen, kam aber verängstigt und aufgeregt zurück. Hier und da tauchten zunächst sich bewegende Lichter auf; manchmal kamen und gingen rote Blitze. Wir kamen sofort zu dem Schluss, dass wir umzingelt waren, stellten jedoch bei genauerer Untersuchung fest, dass die Lichter zu einer eingleisigen Eisenbahn gehörten, die in einem Halbkreis um uns herum verlief. Als wir die Eisenbahnlinie und die dahinter liegenden Gleise überquerten , wurde uns zum ersten Mal bewusst , dass die Morgendämmerung schnell näher rückte. In dem großen Dorf zu unserer Linken begannen Lichter aufzuleuchten, sodass wir sofort gezwungen waren, nach einem Ort zu suchen, an dem wir uns während des kommenden Tages sicher verstecken konnten. Dies erwies sich als keine leichte Aufgabe, und bevor wir uns endlich niederließen, war es fast heller Tag.

KAPITEL XII

FLUCHT BEI NACHT UND TAG

LEIDER bin ich nicht literarisch begabt und kann daher keinen spannenden Bericht über unsere abenteuerliche Reise durch Deutschland schreiben. Wenn ich in meiner Beschreibung jedoch eine Aussage mache wie „Wir reisten nun vier Stunden lang ohne Unterbrechung durch das Land", darf der Leser nicht glauben, dass wir einfach dahinrasten, ohne auf Schwierigkeiten zu stoßen, denn der Weg war immer mit dem einen oder anderen Hindernis behaftet. Es versteht sich von selbst, dass wir uns viele unnötige Schrecken einjagten; aber in unserem hochgradig angespannten Zustand, in dem alle unsere Sinne auf Hochtouren liefen, war das nicht verwunderlich.

Das unsichere Mondlicht spielte unserer Vorstellungskraft Streiche, alles nahm gigantische Ausmaße an. Alle Naturgewalten schienen sich gegen uns verschworen zu haben und Hand in Hand mit dem Feind zu gehen. Wenn ein leichter Wind die Blätter eines einsamen Baumes hinter uns rascheln ließ, hatten wir das Gefühl, entdeckt und verfolgt zu werden und weiterzugehen, nur um nach ein paar hundert Metern wieder auf den Bauch zu fallen, denn vor uns stand etwas und wartete auf uns, unausweichlich, grimmig und still. „Seht! Er hat sich bewegt; es ist ein Wachposten! Habt ihr das Licht bemerkt, das auf sein Bajonett schien?" und so schlichen wir nach rechts und links davon, nur um festzustellen, dass unser grimmiger Wachposten ein großer Pfosten war, der eine Grenze markierte, und das scheinbare Aufblitzen des Bajonetts war wahrscheinlich von den Strahlen des Mondes verursacht worden, die plötzlich hinter einer Wolke hervorkamen und auf eine ihrer weiß gestrichenen Seiten trafen.

Um auf die Fakten zurückzukommen. Der Ort, an dem wir uns verstecken mussten, weil wir keinen besseren Ort fanden, war am Rande eines kleinen Gehölzes, das aus einer Reihe alter und verfaulter Bäume bestand, mit einem sehr dicken Teppich aus verrotteten Blättern, die, da sie gefroren waren, das teuflischste Knistergeräusch unter unseren Füßen machten, als wir hin und her nach dem besten Versteck suchten. Da es Winter war, gab es nicht genügend Laub, um uns sicher in den Bäumen selbst zu verstecken. Nachdem wir den Wald vergeblich erkundet hatten, mussten wir schließlich unsere Position in einem natürlichen Abfluss einnehmen, der am Rande des Gehölzes entlang verlief. Dieser bot uns nur sehr wenig Deckung; ein paar Brombeersträucher und kleine Zweige wurden hastig abgebrochen und über uns hereingezogen. Wenn wir unsere Köpfe ein wenig über den Abfluss hoben, konnten wir die umliegende Landschaft überblicken, und die

Eisenbahnlinie und die Hauptstraße, die die beiden kleinen Städte verband, die wir am frühen Morgen durchquert hatten, waren deutlich zu sehen.

Nach sorgfältiger Untersuchung unserer Lage kam ich zu dem Schluss, dass es uns gelungen war, fast dieselbe Stelle zu finden, die ich mir als die wünschenswerteste für den Endpunkt unserer ersten Wanderung ausgesucht hatte und die auf der Karte unseres Eisenbahnwaggons verzeichnet war. Dies lag zum einen an ihrer Lage in Bezug auf ein Netz kleiner Eisenbahnen, auf deren Orientierung wir uns verlassen mussten, und zum anderen daran, dass sie auf dem kürzesten Weg fast direkt zur Grenze führte. Abgesehen davon, dass wir nicht genügend Deckung für unsere Sicherheit hatten, hatten wir uns also gar nicht so schlecht geschlagen und waren von unserem Ausgangspunkt am Vorabend aus tatsächlich sehr gut vorangekommen. Und was noch wichtiger war: Ich war mir unserer genauen Lage ziemlich sicher.

Bei Einbruch der Dunkelheit am nächsten Abend musste ich nach meinem Plan etwa 16 Kilometer genau nach Norden fahren, um zwei nach Westen verlaufende Kleinbahnen zu finden, die zwei kleine Flüsse und den niederländisch-deutschen Canal Grande überbrückten und auch über das gefährliche Sumpfgebiet führten, durch das unsere Route führte. Wenn wir eine dieser Bahnen finden könnten, wüssten wir wieder, wo wir uns befanden, und wenn wir so weit wie möglich auf den Gleisen blieben, kämen wir besser voran und hätten die Chance, die Brücken nutzen zu können, falls sie unbewacht waren.

Der Leser wird sich zweifellos fragen, warum ich vorschlug, einen so schwierigen und gefährlichen Weg zu nehmen, der mitten durch die Sümpfe führte . Ich hatte drei Gründe. Erstens war ich fest davon überzeugt, dass die Boches so viel Vertrauen in das natürliche Hindernis der Sümpfe setzen würden, dass jede Art von Wache überflüssig erscheinen würde. Zweitens ist das Land, durch das wir zu reisen versuchten, der am dichtesten besiedelte Teil Deutschlands. Indem wir uns in Richtung der Sümpfe bewegten, konnten wir die Gefahr, von Fußgängern gesehen zu werden, fast vollständig ausschließen. Drittens war es der kürzeste Weg, was, da wir uns ohne Nahrung oder die notwendige warme Kleidung befanden, innerhalb weniger Stunden zu einem Faktor von größter Bedeutung werden würde.

Zurück zu den frühen Morgenstunden nach unserer ersten Nachtwanderung, als wir halb verborgen im Abfluss lagen, der an das zuvor beschriebene kleine Gehölz grenzte. Mein erstes Gefühl war große Erleichterung bei dem Gedanken an einen Tag Ruhe, der vor mir lag, denn mein ganzer Körper schmerzte nach der ungewohnten Anstrengung. Ich versuchte, mich zum Einschlafen zu beruhigen, aber die natürliche Erregung meines Geistes durch die Ereignisse der letzten vierundzwanzig Stunden erwies sich als sehr schwierig, und es dauerte eine Weile, bis ich schließlich in einen unruhigen

Schlaf verfiel, nur um innerhalb einer Stunde mit Krämpfen und steif vor Kälte aufzuwachen. Zu allem Übel war der Boden unter mir durch die Wärme meines Körpers aufgetaut, und ich war jetzt auf einer Seite durch und durch nass. Wenn wir nur eine gute warme Mahlzeit bekommen hätten, um das Zittern aus uns herauszuholen, dann hätte alles ein anderes Aussehen angenommen. Der Klang gelegentlicher Stimmen, der mit dem Wind von der zuvor erwähnten Hauptstraße zu uns herüberwehte, hielt uns ständig auf der Hut vor der Gefahr; aber die erste wirkliche Beunruhigung wurde durch einen alten Holzfäller ausgelöst, der unserem kleinen Wald einen Besuch abstattete, offensichtlich auf der Suche nach einem Stück altem Holz, und es dauerte nicht lange, bis er sich nicht mehr als sechzig Meter von uns entfernt niederließ, um zu arbeiten. Das regelmäßige Kauen, Kauen einer Axt sagte uns, dass er jedenfalls nichts Verdächtiges entdeckt hatte; aber natürlich verschwanden alle Aussichten auf weiteren Schlaf, bis er mittags mit einer Karre voll Holz aufbrach.

Ungefähr zu dieser Zeit bekam ich jedenfalls einen maßlosen Hunger und verspeiste sofort ein köstliches Stück Schokolade. Eine 6-Penny-Tafel Cadbury-Schokolade reicht nach einem langen Marsch nicht sehr weit, aber da ich nichts anderes hatte, musste ich sie ja auch verwenden. Der Leser soll nicht glauben, ich hätte alles gierig aufgegessen. Oh nein! Ich nahm ungefähr drei Viertel davon, genug für den Tag, aber gleichzeitig dachte ich sehnsüchtig an meinen improvisierten Rucksack und die guten Sachen, die er enthielt, ob er nun auf der Bahnstrecke Bonn-Düsseldorf lag oder den gierigen Geist irgendeines scheußlichen Boches beglückte .

Nach der Abreise des alten Holzfällers verlief der Tag ziemlich friedlich, bis uns gegen 15 Uhr das Bellen eines Hundes in unserer Nähe „auf die Nerven ging", wie es so schön heißt. Plötzlich wurde die Stille des Waldes durch das Geräusch eines Schusses jäh unterbrochen, und wir konnten deutlich den Fall eines Vogels hören, der mit einem dumpfen Knall durch die Bäume krachte, gefolgt vom Kläffen des Hundes, der seine Beute zur Strecke brachte. Der Jäger stapfte dann durch den Wald und klopfte auf die Bäume, offensichtlich auf der Suche nach mehr Jagd, und kam dabei bis auf zehn Meter an uns vorbei. Die ganze Zeit lagen wir mit dem Körper auf den Boden gedrückt in vollkommener Qual der Zweifel. Was mich betraf, schien es unmöglich, dass der Jäger das wilde Pochen meines Herzens überhört hatte; aber die Gefahr war vorüber, und wieder herrschte Stille in dem kleinen Wald.

Wir sollten nicht lange in Ruhe gelassen werden. Der alte Holzfäller kam zurück, und diesmal nahm er seine Position ein gutes Stück näher ein als zuvor, und hackte hart, bis es fast dunkel wurde, als er schließlich wieder mit seiner alten Karre loszog. Wenn man seine Gefühle und Empfindungen in Momenten der Aufregung wie diesen sorgfältig analysiert, durch welche außergewöhnlichen Wechselfälle führt einen die Vorstellungskraft. In der fast unendlich kleinen Zeitspanne zwischen dem Knall des Gewehrs des Jägers und dem Geräusch, wie seine Beute auf die Erde fällt, lebte ich beispielsweise ein ganzes Leben. Wir waren gesehen worden; wir waren umzingelt; bewaffnete Männer waren geschickt worden, um uns zu holen; wir würden triumphierend in die Hölle zurückgeführt werden, die Gefangene erwartet; und dann das Geräusch der Beute, die durch die Bäume fällt, die schnelle Erkenntnis , dass der Feind nur Jagdwild und nicht man selbst ist, die wilde Erleichterung und das körperliche Verlangen nach einem Schluck Brandy oder etwas anderem, um sich zu sammeln, was schließlich auf eine große geistige Anstrengung folgt.

Gegen Abend krochen wir aus unserem alten Abfluss in den Schutz des Waldes, steif vor Krämpfen und Kälte, aber mit dem herrlichen Gefühl, dass wir so weit in Sicherheit waren, dass wir bereits 25 Meilen näher an unserem Zuhause waren und dass eine weitere Nacht voller schneller Taten vor uns lag, an deren Ende wir, so Gott will, noch näher sein würden. Um 7 Uhr begannen wir wieder mit der Wanderung. Während des frühen Abends passierte uns wenig Bedeutendes, und um 9.30 Uhr hatten wir gute 10 Meilen zurückgelegt und hielten Ausschau nach der Eisenbahn, nach der wir suchten. Wir kamen jetzt nur noch sehr langsam voran; dicke weiße Wolken verdeckten das Antlitz des Mondes; ein schnelles Tauwetter hatte eingesetzt, und unser Weg war durch eine Reihe tiefer Bäche versperrt, die durch einen alten und verfallenen Wald flossen, der sich viele Meilen zu beiden Seiten von uns erstreckte. Hier verloren wir sehr bald jede Orientierung und beschlossen, so gut es ging umzukehren und noch weiter nach Norden zu gehen.

Durch Glück kamen wir bis auf etwa hundert Meter an die Stelle heran, von der wir ausgegangen waren, bevor wir dieses Waldgebiet betraten. Nachdem wir unsere Richtung wiedergefunden hatten, schlugen wir den Weg nach Norden ein, wobei wir feststellten, dass wir immer sumpfiger wurden. Nachdem wir eine Strecke über nasse, schwammige Felder gelaufen waren, die manchmal bis zu den Knien im Wasser standen, stießen wir auf einen kleinen Fluss, dem wir nach Norden folgten, bis wir auf die ersehnte Eisenbahnstrecke stießen, die genau nach Westen verlief und den Fluss im rechten Winkel durchschnitt, wie ich es vorher berechnet hatte. Nachdem wir uns vergewissert hatten, dass auf der Brücke kein Wachmann stand, zogen wir uns aus dem Sumpf heraus, um einen Moment erleichtert auf dem festen, trockenen Weg zu verweilen, bevor wir die Brücke überquerten und unser Abenteuer fortsetzten.

Wir setzten unseren Weg fort und blieben auf dem Gleis, solange es genau nach Westen verlief. Nach ein paar Meilen stießen wir auf den zweiten Fluss, den wir zu finden gehofft hatten, und hatten damit ein gewaltiges Hindernis hinter uns. Wir wussten nun genau, wo wir uns im Verhältnis zum Eisenbahnnetz befanden, auf das wir uns konzentrierten. Die Strecke, auf der wir uns jetzt befanden, würde ein oder zwei Meilen genau nach Westen verlaufen, dann in einer großen Kurve nach Süden abknicken, bevor sie wieder nach Westen führte und den Canale Grande überspannte. Unser Ziel war es nun, diese Brücke nach Möglichkeit zu nutzen, aber wir hielten es nicht für gerechtfertigt, auf dem Gleis zu bleiben, bis wir die Brücke erreicht hatten, da es, soweit wir uns an die Karte erinnern konnten, einen Bahnhof oder ein Abstellgleis zu geben schien, durch das die Strecke führte, kurz nachdem sie nach Süden abzubiegen begann. Also blieben wir auf den Schienen, solange sie nach Westen verliefen, und verließen danach die Strecke nur mit größtem Widerwillen, um uns erneut ins Moor zu stürzen, wobei wir an unserem festen Vorsatz festhielten, so oft wie möglich genau nach Westen zu fahren.

Sehr bald war unser befreundeter Weg nicht mehr zu sehen, und wir waren noch keine ein oder zwei Meilen vorgerückt, als wir zu überlegen begannen, ob wir vielleicht besser daran getan hätten, auf diesem Weg zu bleiben, was auch immer die Folgen gewesen wären, da das Vorankommen durch das Marschland immer schwieriger wurde. Wir standen nun bis über die Knie und oft bis zur Hüfte in Wasser und Schlamm. Zu unserem großen Unbehagen hatte sich der Mond enthüllt, und es dauerte nicht lange, bis er an einem wolkenlosen Himmel schien, sodass wir anhalten mussten, um zu beraten, wie wir unter den gegebenen Umständen am besten vorgehen sollten. War es das Beste, so weiterzumachen? Wir kamen einigermaßen gut voran, machten aber beim Vorankommen durch das Marschland einen fürchterlichen Lärm, der absolut unvermeidlich war. Vier Leute können sich nicht bis zur Hüfte durch Schlamm und Matsch drängen, ohne Aufsehen zu erregen. Solange es dunkel war, ging das auch gut. Wenn zufällig Feinde in der Nähe waren , würden sie wahrscheinlich zu dem Schluss kommen, dass der Lärm im Marschland vom Vieh verursacht wurde; aber da wir jetzt fast so gut sehen konnten wie am Tag, konnten wir ebenso leicht gesehen werden. Der Anblick von vier Männern, die in Kriegszeiten mitten in der Nacht in unmittelbarer Nähe der Grenze durch gefährlich sumpfiges Land waten, hätte selbst den Einfältigsten misstrauisch gemacht.

Unsere Beratungen führten jedoch zu keinem besseren Ergebnis und wir verloren wertvolle Zeit. Die allgemeine Meinung war aus mehreren Gründen gegen eine Umkehr: Erstens aus Angst, die Richtung zu verlieren; zweitens, wenn wir wieder auf die Eisenbahnlinie stoßen würden, wären wir gezwungen, sie zu verlassen und uns in derselben Lage wiederzufinden, in der wir uns jetzt befanden. Die Unmöglichkeit, herauszufinden, wie weit sich diese Sümpfe rechts und links von uns erstreckten, ohne große Gefahr zu laufen und erneut Zeit zu verlieren, und viele andere kleinere Gründe veranlassten uns, so schnell weiterzugehen, wie es die Schwierigkeiten unserer Route erlaubten, falls wir zufällig auf jemanden stoßen sollten.

Nach ein paar Meilen befanden wir uns zu unserer großen Freude am Ufer des erwarteten Canale Grande. Wenn ich Ufer sage, dann meine ich, dass wir bis zur Hüfte im Wasser und im hohen, üppigen Gras standen, ein schwerer, feuchter, weißer Nebel hing über allem, und wir konnten gerade noch auf die andere Seite des Kanals sehen, die offensichtlich viel sumpfiger war als unsere Seite. Große Wasserflächen, die nicht von Schilf unterbrochen wurden, schimmerten hier und da. Den Kanal zu durchschwimmen wäre leicht, aber auf der anderen Seite weiterzukommen schien unmöglich. Daher beschlossen wir, dem Kanal so gut es ging nach Süden zu folgen, in der Hoffnung, wieder auf die Eisenbahnlinie zu stoßen, die den Kanal an der einen oder anderen Stelle in unserer Nähe überbrücken musste. Kaum waren wir ein paar hundert Meter oder so weitergegangen, als die erwartete Brücke plötzlich aus dem Nebel auftauchte.

Die natürliche Hochstimmung, die der Anblick dieser Brücke auslöste, wurde schnell gedämpft, als wir uns näherten, denn dort auf der anderen Seite der Brücke befand sich ein kleiner schwarzer Schuppen. Es schien, als wäre dies eine jener Gelegenheiten, bei denen wir gezwungen sein würden, ein Risiko einzugehen. Dementsprechend näherten wir uns mit möglichst wenig Lärm dem Weg und achteten äußerst darauf, jedes Rascheln des Schilfs auf unserem Weg zu verhindern, kletterten auf den Weg und legten uns auf den Bauch, während wir vorsichtig einen Blick darauf warfen. Nach ein paar Minuten des Nachdenkens erhob ich mich auf Hände und Knie, kroch zur Brücke hinauf und über sie hinweg und legte mich etwa drei Meter davon entfernt auf die andere Seite, wo ich deutlich ein leises Schnarchen hören konnte, das von einer Art menschlichem Insassen zeugte; außerdem bemerkte ich jetzt zum ersten Mal ein sehr dünnes Rauchwölkchen, das aus dem Schornstein der Hütte aufstieg – das hatten wir vorher aufgrund des dichten Nebels nicht sehen können. Der Kerl in der Hütte, Soldat oder Zivilist, wer auch immer er war, schnarchte weiterhin beruhigend. Also gab ich meinen anderen Gefährten ein Zeichen , wie ich hinüberzukriechen, und einer nach dem anderen schaffte es, ohne ein merkliches Geräusch zu machen, aber für mich, der ich auf der anderen Seite wartete, schien es, als würde jeder Schritt eine Ewigkeit dauern. Aber der Brückenwächter schlief weiter, und wir alle überquerten die Brücke in vollkommener Sicherheit, um sofort wieder mit der größtmöglichen Geschwindigkeit den Weg hinunterzufahren, um diese unwillkommene Nachbarschaft hinter uns zu lassen.

Nachdem wir nun die beiden Flüsse und den Canale Grande hinter uns gelassen hatten, hatten wir das Gefühl, eine sehr gute Nachtarbeit geleistet zu haben, auch wenn wir in dieser Nacht keine weiteren Fortschritte machten. Aber es war erst 1.30 Uhr morgens und wir hatten noch mindestens drei, wenn nicht fast vier Stunden bis zum Tagesanbruch, in denen wir noch weitere 16 Kilometer zurücklegen konnten. Während wir vorrückten, wurde das Land rechts und links von uns allmählich sumpfiger . Manchmal kamen auf beiden Seiten große Flächen glitzernden Wassers in Sicht, und wir dankten unserem Glück, dass wir es über die Brücke gewagt hatten, denn hätten wir versucht, durch ein solches Land zu fahren, wären wir *umsonst weitergekommen* , selbst wenn wir nicht ertrunken wären.

Nach ein paar Meilen wurde das Land allmählich trockener, bis schließlich auf beiden Seiten von uns trockenes Land zu sehen war. Hier maßen wir unsere Richtung anhand der Sterne und stellten fest, dass wir in Süd-West-Richtung unterwegs waren. Dies musste korrigiert werden, also verließen wir nun den Weg, auf dem wir so gut vorangekommen waren, und schlugen einen Weg nach Westen über trockenes Land ein, der uns zu einer Reihe sanft abfallender Hügel führte, die ein wenig wie die Hügel bei uns zu Hause aussahen. Jeder verfügbare Teil des Bodens wurde bebaut, und mehrmals bellten Hunde von kleinen Bauernhöfen, an denen wir vorbeikamen, ihre Warnung.

Jetzt wurde uns klar, wie schwierig es ist, die Richtung zu halten. Wir näherten uns beispielsweise einem Block von Bauernhäusern, und um die Aufmerksamkeit von Hunden nicht zu erregen, machten wir einen Halbkreis um die Gebäude und gingen nach Westen, den Sternen auf der anderen Seite folgend. Auf diese Weise müssen wir, wie sich später herausstellte, eine enorme Distanz nach Süden zurückgelegt haben, obwohl wir immer nach Westen zogen. Es ist praktisch unmöglich zu erkennen, wann man einen Kreis um ein Dorf oder ein Gebäude gemacht hat, ohne ausreichende Orientierungspunkte zur Orientierung zu haben, und nachts ist dies unmöglich. Wir gingen um ein Dorf oder ein anderes Hindernis herum, das wir vermeiden wollten, bis es uns vorkam, als hätten wir es mehr als halb umrundet; in Wirklichkeit legten wir aber wahrscheinlich nur etwa ein Viertel der Strecke zurück. An einer Stelle folgte uns ein Hund fast bis zur Spitze eines dieser hügeligen Felder und bellte, bis wir dachten, er müsse ganz Deutschland in Angst und Schrecken versetzen. In der Zwischenzeit lagen wir mit den Nasen auf der Erde; der Mond schien am hellsten; wir befanden uns auf dem höchsten Punkt und konnten sicherlich aus großer Entfernung gesehen werden. Deshalb haben wir die Aufmerksamkeit der Hunde, die unsere Anwesenheit in der Nachbarschaft kundtaten, nicht geschätzt .

Um zu vermeiden, dass unsere Gestalten vor dem Horizont zu sehen waren, krochen wir über die Hügelkuppe, bis wir weit drüben waren, und auf der anderen Seite hinunter, was uns zu weiterem Pflug führte und in ein dicht bewaldetes Dickichtgebiet führte, durch das wir zunächst zu gelangen versuchten, aber es war nicht einfach, da wir nicht viel Lärm machten, da das trockene Unterholz, durch das wir uns einen Weg bahnen wollten, knackte. Wir zogen uns aus dem scheinbar gefährlichen Gebiet zurück und hielten eine hastige Beratung ab, die mit unserem Beschluss endete, uns in Paare aufzuteilen und an zwei verschiedenen Stellen, in einiger Entfernung voneinander, durch dieses Unterholzgebiet zu gehen und uns, wenn möglich, auf der anderen Seite zu treffen. Wenn wir uns nicht direkt treffen sollten, war es nicht sinnvoll, Zeit damit zu verschwenden, nacheinander zu suchen.

Jedenfalls näherten wir uns rasch dem Punkt, an dem wir uns für die Sicherheit unseres Vorhabens möglicherweise in Paare aufteilen mussten, da es viel wahrscheinlicher ist, dass vier Leute gesehen werden als zwei. Und wir hatten nicht die Absicht, in unserer derzeitigen Stärke die eigentliche Grenze oder ihre unmittelbare Umgebung zu erkunden, obwohl wir es wahrscheinlich allein oder zu zweit versuchen würden.

KAPITEL XIII WIR

VERSTECKEN UNS IN EINEM GASSPUNKT

ES muss eine gute Stunde gedauert haben, bis wir endlich aus dem Dickicht heraus waren, und unser Weg durch das Dickicht war ziemlich laut gewesen. Von dem anderen Paar war keine Spur zu sehen, also zogen wir nach etwa zwanzig Minuten Erkundung wieder los.

Mein Begleiter war Captain Stewart von der RFA, und einen standhafteren Kerl in einer solchen Gefahr konnte man sich kaum wünschen. Von da an kamen wir die ganze Nacht über gut voran, und bis kurz vor Tagesanbruch geschah nichts Nennenswertes, als wir große Schwierigkeiten hatten, einen geeigneten Platz zu finden, an dem wir uns tagsüber verstecken konnten. Schließlich entdeckten wir einen Graben zwischen zwei Feldern, in dem wir den Tag ohne Zwischenfälle verbrachten. Die extreme Kälte, gepaart mit dem Mangel an Nahrung, begann uns zuzusetzen, da wir zu müde lagen, um uns groß darum zu kümmern, was passierte, solange nur die Nacht hereinbrach, damit wir weitermachen und unsere Glieder wieder in Schwung bringen konnten. Gegen 19 Uhr begannen wir, unsere Füße und Beine zu reiben, die völlig tot wirkten, und um 19:30 Uhr zogen wir uns in gutem Tempo zurück. Es dauerte nicht lange, bis wir uns ganz warm und wohl fühlten, mit Ausnahme eines nagenden Gefühls in den Eingeweiden, das natürlich auf den Mangel an Nahrung zurückzuführen war.

Von hier an bis etwa ein Uhr morgens geschah nichts, was der Erwähnung wert wäre – wir umgingen nur Dörfer und Bauernhöfe vorsichtig, blieben immer auf freiem Feld und mieden alle Pfade und Straßen wie die Pest. Gegen ein Uhr stießen wir zu unserer Überraschung auf eine Eisenbahnlinie, die nach Südwesten verlief. Wir folgten ihr nicht auf der Linie, sondern parallel dazu, in einer Entfernung von etwa hundert Metern. Ein- oder zweimal hörten wir Stimmen an Bahnübergängen. Wir folgten der Eisenbahnlinie, weil wir nicht erwartet hatten, so bald auf eine zu treffen – tatsächlich nicht vor der folgenden Nacht, und dann berechneten wir, dass wir gut zehn Meilen nach Süden abbiegen müssten, um sie zu finden. Diese Eisenbahnlinie war für uns von enormer Bedeutung, da sie über einen künstlichen Damm verlief, der mitten durch einen See gebaut worden war und ihn so in zwei Hälften teilte, die beide Teile auf beiden Seiten durch eine Reihe kleiner Seen verbunden waren, die sich nach Norden bzw. Süden erstreckten und, wie ich annahm, das Mittel waren, durch das das umliegende Tiefland überschwemmt wurde.

Diese kleinen Seen, die nach den Karten, die wir gesehen hatten, parallel zur Grenze verlaufen sollten, bildeten ein sehr ernstes Hindernis für unseren

Vormarsch. Es war daher von größter Wichtigkeit, ein Mittel zu finden, um uns über diese Schwierigkeit hinwegzuhelfen, und diese Eisenbahn schien die einzige zu sein. Wenn die Eisenbahn, der wir jetzt folgten, zwischen zwei kleinen Städten verlief, die einander fast gegenüber lagen , und dann durch eine dritte, etwa eine Meile von den letzten beiden entfernt, dann war dies die Linie, die durch die Seen verlief, auf die wir irgendwann zu stoßen gehofft hatten. In diesem Fall waren wir zufällig darauf gestoßen und befanden uns der Grenze viel näher, als wir für möglich gehalten hatten. Wir glaubten jedoch nicht einen Augenblick an dieses Glück; denn bei der Überlegung mussten wir gute zehn oder zwölf Meilen südlich von unserem Ausgangspunkt der vergangenen Nacht abgekommen sein, um überhaupt in die Nähe dieser Eisenbahnlinie zu gelangen. Zu unserer großen Zufriedenheit führten wir unsere Absicht aus, dieser zufälligen Linie zu folgen, und passierten gegen 3.30 Uhr morgens die Grenze zwischen zwei kleinen Städten. Diesmal gingen wir auf dem Weg selbst und verließen ihn wieder, als wir die Außenbezirke deutlich hinter uns gelassen hatten.

Wir fuhren bis etwa vier Uhr mit Höchstgeschwindigkeit weiter und näherten uns dann einer anderen Stadt, durch die die Eisenbahn führte. Eine sorgfältige Untersuchung ergab einen Bahnhof und mehrere Abstellgleise. Während dieser Untersuchung stellten wir fest, dass sich die Einwohner auf den kommenden Tag vorbereiteten, und als wir auf unsere Uhren schauten, stellten wir zu unserer Bestürzung fest, dass es fast fünf Uhr war. Wo konnten wir ein geeignetes Versteck finden? Wir waren auf dem Weg an nichts vorbeigekommen, was einer Ratte Unterschlupf bieten könnte, also war es nichts wert, denselben Weg einzuschlagen. Wenn wir versuchten, die Stadt zu Fuß zu umgehen, könnten wir vom Tageslicht überrascht werden, da wir keinen Ort gefunden hatten, an dem wir uns verstecken konnten. Das einzig mögliche Vorgehen unter diesen Umständen war, die Stadt so gut wie möglich auf dem Gleis zu durchqueren. Also zogen wir los und krochen manchmal auf Händen und Knien, wenn wir etwas sahen, dessen wir uns nicht ganz sicher waren. Wir versuchten, unter große Haufen von Holz- und Stahlschienen zu gelangen, die neben dem Gleis lagen, aber es bot sich kein Trost in Form eines Verstecks.

Wir waren sicher durch die Stadt gekommen, wurden aber plötzlich von einer Gruppe Arbeiter aufgehalten, die aus der entgegengesetzten Richtung die Strecke entlangkam. Glücklicherweise waren wir praktisch am Stadtrand, so dass wir in einen kleinen Garten ausweichen konnten, bis sie vorbei waren. Zu diesem Zeitpunkt schien die ganze Stadt wach zu sein, die üblichen Warnlichter gingen in den Hütten um uns herum an, und der Tag war gerade im Anbruch. Als wir in unserem verzweifelten Bemühen , einen Ort zu finden, durch den Garten gingen, fanden wir uns in einem kleinen Tannenwäldchen wieder, durch das wir eilten, ohne auf den Lärm zu achten, den wir machten. Alles, um von dieser gefährlichen Stelle wegzukommen! Warum waren wir überhaupt in die Nähe dieser scheußlichen Stadt gekommen? Was für Narren waren wir, dass wir uns an einem so gefährlichen Ort vom hereinbrechenden Tageslicht überraschen ließen! Diese und andere Gedanken schossen uns durch den Kopf, während wir weitereilten.

Wir ließen den Wald hinter uns – denn wir konnten weder in den Bäumen noch unter ihnen einen Platz finden, an dem sich ein Eichhörnchen verstecken könnte – und befanden uns in mehr oder weniger offenem Gelände. Nur die Lichter einiger verstreuter Hütten, die hier und da aufleuchteten, zeigten, dass wir noch nicht aus der Gefahrenzone waren. Etwas weiter links entdeckten wir ein weiteres kleines Gehölz oder eine Lichtung, die uns irgendwie Schutz zu bieten schien. Wir näherten uns dieser Stelle mit größter Vorsicht, fanden jedoch keinerlei Unterholz.

Die Lage begann verzweifelt auszusehen, von allen Seiten waren Stimmen zu hören, und ein Mann kam durch die Lichtung gestapft, auf der wir uns befanden. Wir warfen uns nieder und warteten mit angehaltenem Atem, bis er vorbeikam. Sobald er verschwunden war, fürchte ich, verloren wir für kurze Zeit den Kopf. Unter unseren Füßen lag ein dicker Teppich aus toten Blättern. Die lächerliche Idee, dass wir uns darunter verstecken könnten, kam uns beiden gleichzeitig, und wie aus einem Guss fielen wir auf die Knie und begannen in wilder Verzweiflung wie wild die Blätter aufzukratzen, bis wir das verfaulte Moosbett darunter erreichten und es nach ein paar Minuten mit abgebrochenen und blutenden Nägeln schafften, ein Loch zu kratzen, das groß genug war, um unsere Körper zu halten; aber die Blätter von innen über uns zu ziehen, damit sie unberührt aussahen, erwies sich als unmögliche Aufgabe.

Einen Moment lang lag ich in dem kleinen Grab, das ich gegraben hatte, und gab mich der Verzweiflung hin, und dann dämmerte mir plötzlich, dass dies nicht der Weg zu einer erfolgreichen Flucht war. Wir waren in einer sehr schlechten Lage, aber wir handelten nicht mit der nötigen Gelassenheit, um unser Vorhaben erfolgreich zum Abschluss zu bringen. Sofort sprang ich auf, und wir beide verließen die Lichtung und erkundeten das offene Land, wobei wir in eine Richtung zogen, die wir für westlich hielten. Sehr bald erspähten wir eine weitere kleine Lichtung, diesmal zu unserer Rechten. Sofort machten wir uns mit größter Vorsicht auf den Weg dorthin, nur um festzustellen, dass es auch hier kein Versteck gab. Aber als wir diese Lichtung auf der anderen Seite verließen, stießen wir auf einen tiefen Abfluss, der etwa zwei Fuß breit und vier Fuß tief war und dessen Boden zehn Zoll Wasser stand. Wir folgten diesem Abfluss der Länge nach rechts und links und fanden heraus, dass dies genau der richtige Ort war, um uns zu verstecken, wenn wir nur eine Art Abdeckung für die Oberseite finden könnten, die einigermaßen natürlich aussah.

Leider war es inzwischen fast hell, und es bestand die große Gefahr, dass wir beim Versuch, ein Dach zu bauen, gesehen werden könnten. Ohne irgendeine Art von Überdachung würden wir mit ziemlicher Sicherheit vom ersten Vorbeigehenden entdeckt werden. In dieser Absicht brachen wir beide hastig ein paar kleine Zweige von der benachbarten Lichtung ab und steckten sie in die Seiten des oberen Teils des Abflusses, um ein grobes Gerüst zu bilden. Dann rissen wir einige Farne aus Altmannshaar ab, die wir am Rand des Gehölzes wuchsen, und ordneten sie so schnell wie möglich auf dem Gerüst aus Zweigen an, zogen unsere Stiefel aus und zwängten uns einen nach dem anderen hinein, wobei wir sie hinter uns herzogen. Für den ersten war das in Ordnung, aber für den zweiten war es äußerst schwierig, da in unserem Versteck nicht genug Platz war, da keiner von uns Platz hatte, um auf dem Rücken zu liegen. Wir mussten uns daher hineinzwängen, lagen wie zwei Löffel auf der Seite und waren so eng aneinandergedrückt, dass die geringste Bewegung unmöglich wurde.

Unsere ersten Empfindungen waren tiefe Befriedigung, endlich einen Ort gefunden zu haben, an dem wir eine vernünftige Chance hatten, nicht entdeckt zu werden, und große körperliche Erleichterung nach unserem langen Marsch der Nacht zuvor. Bald spürten wir die Anstrengung, unsere Köpfe über dem Wasser zu halten, in dem wir teilweise eingetaucht waren, konnten dies jedoch schließlich mit Hilfe unserer Stiefel lindern, die wir als Kissen verwenden wollten, obwohl dies leichter zu erdenken als zu tun war, da aufgrund unserer eingeklemmten Position keiner von uns eine Hand ausstrecken konnte, um die Stiefel zu erreichen und sie unter unsere Köpfe zu ziehen, obwohl sie nicht mehr als 15 cm entfernt waren, so dass dies dadurch erreicht werden musste, dass einer von uns sich über den anderen rollte, bevor er eine Hand freibekam. Nachdem dies geschafft war, rollte er sich in seine alte Position zurück, mit dem zusätzlichen Komfort der Stiefel als Kissen.

Eine Zeit lang machten wir uns mit einem zufriedenen Seufzer bereit, uns auszuruhen, nur zu froh, dass wir zumindest nicht mehr in Gefahr waren, entdeckt zu werden; aber schon bald wurde uns klar, dass uns eine sehr schlimme Zeit bevorstand. Glücklicherweise konnten wir nicht ahnen, wie schlimm dieser Tag werden würde – wir sollten ihn später als den schrecklichsten unseres Lebens in Erinnerung behalten. Keine Beschreibung der schrecklichen Zeit, die wir in diesem Kanal verbrachten, so lebendig sie auch sein mochte, könnte die körperlichen Qualen beschreiben, die wir durchmachten. Wegen der Kälte und Feuchtigkeit wurden wir zunächst von einem nicht zu unterdrückenden Schüttelfrost heimgesucht, bei dem unsere Zähne wie Kastagnetten klapperten. Dies verwandelte sich in schlimmste Krämpfe in Magen und Beinen, die wir aufgrund unserer Position und der Bewegungsunfähigkeit nicht lindern konnten. Der Krampf dauerte fast bis

Mittag, dann hörte er ganz plötzlich auf und wurde von einer völligen Taubheit der Gliedmaßen von den Füßen aufwärts abgelöst – tatsächlich waren wir von der Hüfte abwärts wie aus Stein, ohne jedes Anzeichen von Gefühl oder Leben. Das war wirklich eine große Gnade, da es unser vorheriges Leiden linderte – alles war besser als dieser schreckliche Krampf.

Doch nun schoss uns die Möglichkeit durch den Kopf, dass wir bei Einbruch der Nacht unsere Reise vielleicht nicht fortsetzen könnten, wenn wir überhaupt noch laufen könnten; und selbst wenn wir den Kreislauf in unseren Beinen wieder in Gang brächten und die folgende Nacht durchhielten, es aber nicht schafften, die Grenze zu überqueren, würden wir dann noch einen Tag und eine Nacht ohne Essen aushalten und könnten wir überhaupt noch einen Tag wie diesen durchhalten? Natürlich würden wir weitermachen, bis wir zusammenbrachen, aber das hätten wir vielleicht schon getan. Wir konnten nur auf den Einbruch der Nacht warten, um dies auf die Probe zu stellen.

Bald nachdem der Krampf nachgelassen hatte, kam eine Gruppe Kinder vorbei, so nah, dass es schien, als würden sie fast über uns laufen. Wir befürchteten, sie könnten am Abfluss entlang stochern und nach Elritzen oder so etwas suchen. Die Gefahr war vorüber, aber für kurze Zeit konnten wir Kinderstimmen hören, die uns in ständiger Angst hielten, dass sie durch irgendein Wild zufällig über uns stolpern könnten. Von da an kamen Fußgänger in unterschiedlichen Abständen entweder einzeln oder zu zweit dicht an uns vorbei, was uns zu dem Schluss brachte, dass wir eine Stelle in der Nähe eines Fußwegs über die Felder gewählt hatten, wie wir später herausfanden. Ungefähr zu dieser Zeit begann es ziemlich stark zu regnen, wofür wir sehr dankbar waren, obwohl es uns noch unbequemer machte, da wir damit rechneten, dass es die Zahl der Fußgänger verringern würde, die wahrscheinlich einen Fußweg über die Felder nehmen würden.

Bis die ersten Kinder vorbeigekommen waren und unterwegs spielten, hatten wir uns in unserem Versteck ziemlich sicher gefühlt, was unser Haupttrost war, da wir uns an einem so furchtbar beengten Ort befanden; aber jetzt, da die Gefahr, entdeckt zu werden, aufgrund unserer Nähe zu irgendeinem Pfad immer größer wurde, begannen wir sowohl geistig als auch körperlich zu leiden. Es dauerte nicht lange, bis wir entdeckten, dass, wenn der Regen die Zahl der Leute verringerte, die wahrscheinlich auf den Feldern unterwegs waren, unsere Kopfbedeckung auch sehr stark abnahm. Wenn der Regen nicht bald aufhörte, würde diese auf ein Minimum reduziert werden, da sie hauptsächlich aus Wiesenfarn bestand, der, wie die meisten Leute wissen, eine Art graue Faser ist , die Rosshaar sehr ähnlich ist. Diese Haare hatten im trockenen Zustand eine schöne, dicke und flauschige Decke gebildet, aber jetzt, da sie vom Regen durchnässt waren, waren sie geschrumpft und hingen in strähnigen Locken herab. Jetzt konnten wir vollkommen klar hinaussehen;

Da der Abfluss jedoch so tief war und wir uns nicht bewegen konnten, konnten wir niemanden sehen, der vorbeikam, obwohl wir das Gefühl hatten, dass wir ihren Blicken nicht entgehen könnten. Ich weiß, dass dies eine sehr schlechte Schlussfolgerung ist, da man einen Passanten immer vom Fenster eines Zimmers aus sehen kann, ohne selbst gesehen zu werden.

Aber philosophische Überlegungen wie diese erfordern eine bessere geistige und körperliche Verfassung als die unsere damals war. Folglich erlitten wir jedes Mal Qualen, wenn jemand vorbeikam. In einem Fall waren unsere Nerven besonders strapaziert. Ein Mann kam den Weg entlang und summte sorglos eine Melodie vor sich hin. Gerade als er an uns vorbeiging, blieb er plötzlich stehen, und anscheinend blieben auch unsere Herzen stehen. Für einen oder zwei Augenblicke stand er reglos da. Wie lange er tatsächlich blieb oder warum er das tat, kann ich nicht sagen, aber es kam uns wie tausend Jahre vor. Schließlich ging er weiter und begann wieder zu summen, obwohl er uns unseren Seelenfrieden mitnahm. Wir waren überzeugt, dass er uns gesehen haben musste, aber er hatte Angst gehabt, uns allein anzugreifen, und war jetzt losgegangen, um Hilfe zu holen. Wir wussten genau, dass jeder Deutsche Augen und Ohren offen hielt, um entflohene Gefangene zu entdecken, denn die Belohnung, die die deutsche Regierung für Informationen aussetzte, die zur Gefangennahme von Gefangenen führen könnten, war sehr beträchtlich, insbesondere für die verhassten Engländer. Gerüchten zufolge erhielt jede Person, die zuverlässige Informationen lieferte, die Summe von zweitausend Mark.

Was sollten wir tun? Wenn wir herauskrochen, würde es wahrscheinlich Stunden dauern, bis wir wieder auf den Beinen wären, und in der Zwischenzeit wären wir den Blicken aller ausgesetzt. Nein! Wir mussten bleiben und beten, dass wir uns geirrt hatten und nicht gesehen worden waren. Von diesem Zeitpunkt an waren wir jedoch Opfer der quälendsten Ängste, während wir mit angehaltenem Atem auf das leiseste Geräusch lauschten, das die Ankunft unserer Entführer ankündigen könnte. Ein oder zwei weitere Fußgänger kamen vorbei, und bei jedem dachten wir, das Spiel sei vorbei, aber alles verlief ohne Zwischenfälle. Gegen 18 Uhr hörte der Regen auf, aber der Himmel war mit schweren grauen Wolken bedeckt, die uns bei Einbruch der Dunkelheit dazu veranlassten, zu versuchen, uns selbst zu befreien.

Kapitel XIV:

Auf dem Weg zur Grenze

WIR konnten nur mit allergrößter Mühe aus diesem grauenhaften Abfluss herauskommen, da wir unsere unteren Gliedmaßen nicht mehr benutzen konnten. Schließlich war mein Begleiter der Erste, der freikam, aber es dauerte eine gute Viertelstunde, bis wir das erreichten. Ich legte ihm meinen rechten Arm (mein linker war unter mir eingeklemmt) um den Hals und versuchte, ihn auf mich zu ziehen, während er gleichzeitig mit beiden Händen gegen die gegenüberliegende Wand des Abflusses drückte und wir beide ruckartig zogen und drückten, bis er sich schließlich auf mich wälzte. Ich konnte meinen Körper nun in eine flachere Position am Boden des Abflusses bringen, da der Körper meines Freundes mehr Platz machte und gleichzeitig sein Gewicht auf meinem stützte. Wir waren nun nicht mehr eingeklemmt, so dass er sich selbst herausziehen konnte, indem er mit den Händen auf die beiden Seiten des Abflusses drückte und sich so allmählich vorwärts bewegte, wobei er seine nutzlosen Beine hinter sich herzog.

Sobald er frei war und ich Zeit hatte, mich von meiner vorherigen Anstrengung zu erholen, gelang es mir, mich auf die gleiche Weise herauszuziehen. Wir beide kämpften uns vorwärts, bis wir einen breiteren Teil des Abflusses fanden. Dort zogen wir uns in eine sitzende Position und versuchten, den Kreislauf in unseren Beinen wieder anzuregen, was wir taten, indem wir unsere Hände unter die Kniegelenke legten und sie auf und ab hoben. Nach etwa zwanzig Minuten begannen wir beide, entsetzliche Schmerzen zu verspüren, als das Blut zurückkam. Wir arbeiteten jedoch mit Freude weiter, denn die Rückkehr der Schmerzen zeigte auch die Rückkehr des Kreislaufs und damit die Wiederverwendung unserer Gliedmaßen an. Es musste fast sieben Uhr gewesen sein, bevor wir aus dem Abfluss klettern und in den Schutz der nahe gelegenen Lichtung kriechen konnten. Da es noch nicht ganz dunkel war, dachten wir, dass wir auf der Lichtung sicherer wären als in einem offenen Abfluss so nah am Fußweg; außerdem mussten wir etwas von dem Wasser aus unserer Kleidung loswerden.

Das Kriechen in den Wald hatte unseren Kreislauf noch weiter angekurbelt, so dass wir bald das Gehen übten , was anfangs nicht gerade beruhigend war, sich aber verbesserte, als wir uns aufzuwärmen begannen. Wir beide mussten über uns selbst lachen, während wir versuchten, herumzulaufen, als plötzlich ein Bein nachgab und der Besitzer zu Boden stürzte. Ganz allmählich begannen wir, unsere Beine wieder voll zu gebrauchen. Nachdem wir diese Schwierigkeit überwunden hatten, zogen wir unsere Kleider aus, um das Wasser aus ihnen herauszupressen. Dann ging ich vorsichtig zurück zum

Abfluss, um meine Stiefel zu holen, die ich nur mit größter Mühe anziehen konnte. Kurz nach acht Uhr waren wir jedoch ausgerüstet und bereit für das letzte Abenteuer, als wir munter wie ein paar Sandjungs nach Westen aufbrachen. Alle Schrecken der letzten zwölf Stunden waren vergessen; je weiter wir gingen, desto wärmer wurde uns und desto optimistischer wurden wir. Herrgott! Was waren wir für schwache Ratten gewesen! Wir konnten noch eine weitere Woche damit weitermachen und hatten das Gefühl, dass bei uns alles in Ordnung war.

Unser Ziel war es nun, die Eisenbahnlinie zu treffen, auf der wir am Abend zuvor durch die Stadt gefahren waren, als wir sie verließen, um der Arbeitergruppe auszuweichen, die auf uns zukam. Wir waren dann nach links geeilt; folglich musste die Linie irgendwo rechts von uns sein, sodass wir jetzt in die Richtung zogen, die wir nach unseren Berechnungen während des Tages als Nordwesten einschätzten. Da die Sterne noch nicht sichtbar waren, hatten wir keinen eindeutigen Wegweiser. Jeden Moment erwarteten wir, die Linie zu treffen, aber es musste schon fast neun Uhr sein, bevor wir es schließlich taten, obwohl wir gedacht hatten, dass sie nicht mehr als eine halbe Meile von unserem letzten Versteck entfernt sein konnte. Als wir sie erreichten, führten wir dieselbe Taktik aus wie am Abend zuvor – das heißt, wir folgten der Richtung der Linie in einer Entfernung von etwa hundert Metern. Mehrmals wurden unsere Nerven durch Stimmen gereizt; aber wir blieben über eine Stunde dabei, als wir uns in einem dünnen Nebel aus weißem Dampf wiederfanden , der immer dichter wurde, je weiter wir vorrückten. Wir hofften sehr, dass dieser Nebel aus dem erwarteten Seengebiet aufsteigen könnte, also gingen wir mit erhöhter Vorsicht weiter und überquerten zwei Hauptstraßen, deren Bahnübergänge beleuchtet waren. An jedem Übergang waren deutliche Gespräche zu hören. Sehr bald kamen wir in nasses und sumpfiges Gelände, was uns dazu veranlasste, den Weg einzuschlagen und so leise wie möglich darauf zu gehen. Der Himmel begann nun allmählich aufzuklaren und einer nach dem anderen kamen die Sterne zum Vorschein.

Wir waren noch keine halbe Meile auf dem Weg, als wir an einem kleinen Häuschen am Rande der Bahnlinie vorbeikamen. Wir eilten so geräuschlos wie möglich daran vorbei und wurden plötzlich von einem Geländer und einem großen Tor mit fünf Stangen auf der anderen Seite der Bahnlinie aufgehalten. In dem Moment, als wir das Tor übersteigen wollten, öffnete sich die Tür des Häuschens und ein Mann stolzierte heraus. Möglicherweise sah er uns nicht, aber er konnte uns nicht überhören. Im Handumdrehen waren wir über dem Tor und bereiteten uns darauf vor, darauf zuzurennen; aber glücklicherweise kehrte unsere Geistesgegenwart ebenso schnell zurück, wie sie geflohen war, und wir gingen in einem angenehmen und gemächlichen Tempo weiter. Der Mann folgte uns und holte auf. Wenn er ein Wachmann war, warum forderte er uns dann nicht auf, anzuhalten? Er konnte nicht mehr als vierzig Meter entfernt gewesen sein. Wir beschleunigten unser Tempo ein wenig, gerade genug, um den Abstand zwischen uns gleich zu halten. Das Blut pochte in unseren Schläfen und Kehlen; wir wollten wegrennen, aber wir wagten nicht einmal, uns umzudrehen.

Wir gingen weiter, und unsere Fantasie spielte verrückt. Wir mussten eine gute halbe Meile so gegangen sein, als ich plötzlich bemerkte, dass wir uns mitten in einem See befanden. Wir gingen tatsächlich auf genau dem Damm, der über die Seen führte, mit dem wir gerechnet hatten. Dass wir tatsächlich am See angekommen waren und ein Stück weit über ihn gelaufen waren, ohne es zu bemerken, zeigte, in welchem Zustand nervöser Anspannung wir uns befanden. Nichts hatte unsere Gedanken von dem Mann abgelenkt, der uns immer noch folgte, unerbittlich wie das Schicksal selbst. Sehr bald wurde uns klar, warum er uns nicht herausgefordert hatte. Natürlich würde es auf der anderen Seite des Sees ein weiteres Tor und einen Wachmann geben, in deren Arme wir laufen und wie Ratten in einer Falle gefangen werden würden. Sollte ich anhalten und mich mit ihm unterhalten, während mein Begleiter ihn von hinten niederschlug? Denn es musste lautlos geschehen. Ja, das mussten wir tun. Aber der Gedanke, kaltblütig zu töten, ist schrecklich, und wir gingen noch hundert Meter weiter. Dabei kamen wir an einem großen Eisenrad und einem Schleusentor vorbei , das die beiden Seiten des Sees durch den Damm verband.

Etwas weiter bemerkten wir eine Ansammlung kleiner Büsche, die an den abfallenden Seiten des Damms wuchsen. Dies wäre ein guter Ort, um ihn zu erledigen. Schweigend warteten wir. Der Mann erreichte das Schleusentor und blieb stehen. Er hatte uns verpasst und lauschte auf unsere Schritte, dachten wir. Aber nein! Nach ein oder zwei Minuten hörten wir das Schleusentor sein kreischendes Geräusch durch die Nachtluft erschallen, gefolgt von einem Rauschen des Wassers. Er musste der Schleusenwärter sein . Gott sei Dank! Vielleicht hatten wir seinen Verdacht nicht erregt, also hofften wir, ihn weggehen zu hören, oder dass er an uns vorbeigehen und uns so vielleicht vor dem warnen würde, was vor uns lag. Aber das Rauschen des Wassers schien alle Geräusche zu übertönen. Vorsichtig kroch ich zurück zur Schleuse, immer näher, bis ich darauf stand. Da war kein Mann; er musste zurückgegangen sein. Sein Verdacht war nicht geweckt worden.

Ich kehrte zu meinem Begleiter zurück und wir gingen weiter, stellten aber bald fest, dass wir, so vorsichtig wir gingen, zu viel Lärm machten. Um das zu vermeiden, blieben wir stehen, während ich meine Stiefel auszog. Ich hatte bis jetzt drei Paar Socken getragen, also zog ich die beiden dicksten aus, zog meine Stiefel wieder an und gab meinem Begleiter ein Paar Socken, die wir beide über unsere Stiefel zogen. Dadurch wurde das Geräusch unserer Schritte erheblich gedämpft.

Als wir weitergingen, bemerkten wir, dass der Damm merklich breiter wurde; auch dass wir, während vorher kein Nebel über dem Wasser des Sees selbst gehangen hatte, jetzt in einen dünnen weißen Dunst gerieten , der immer stärker wurde, je weiter wir kamen. Daraus schlossen wir, dass wir uns dem gegenüberliegenden Ufer näherten und daher unsere Vorsicht erhöhen mussten. Die Seiten des Damms waren jetzt reichlich mit kleinen Büschen übersät, was wir voll ausnutzten, indem wir uns von Busch zu Busch bewegten, während wir weitergingen. Während wir weitergingen, bemerkten wir, dass wir auf beiden Seiten nicht mehr von Wasser umgeben waren, sondern von einem schleimig aussehenden Moor, das hier und da mit hohem Schilf besprenkelt war. Wir versuchten es in diesem Moor, sanken aber sofort bis zu den Knien in schmutzigen Schlamm, so dass wir gezwungen waren, auf den Weg zurückzukehren. Ein Stück weiter versuchten wir es erneut im Moor; diesmal war es trocken, aber immer noch zu schlimm, um es zu überqueren.

Der Mond dachte nun, es sei an der Zeit, seine Anwesenheit auf der Szene zu zeigen. Glücklicherweise wurde er von einem Schleier dünner Wolken an seinem vollen Plan gehindert, zu dem wir Dankgebete schickten und höflich baten, nicht wegzugehen. Plötzlich leuchtete ein heller Lichtfleck in der Mitte des Weges auf, der uns sofort auf die Knie zwang, auf denen wir krochen, bis wir uns auf fünfzig Meter an das Licht heranbewegten. Wie wir vermutet hatten, konnten wir nun ein großes Tor auf der anderen Seite des Weges erkennen, an dem das Licht, das wir gesehen hatten, zu hängen schien. Während wir Pläne schmiedeten, wie wir diese Barriere überwinden könnten, kam ein Mann aus einer Hütte, die wir vorher nicht bemerkt hatten, da sie im Schatten lag. Er ging auf das Licht zu, hakte es ab, nahm es mit in seine Hütte und stellte es vor seiner Tür auf den Boden.

Ohne weitere Entwicklungen abzuwarten, krochen wir in den Sumpf zu unserer Linken. Glücklicherweise war es hier ziemlich trocken, sodass wir nicht sehr tief einsanken, aber es fiel uns schwer, vorwärtszukommen, ohne beim Kriechen ein gewisses saugendes Geräusch zu machen, das dadurch verursacht wurde, dass wir unsere Hände und Knie aus dem Schlamm zogen. Wir müssen mehr Lärm gemacht haben, als wir dachten, denn wir erregten zweifellos seinen Verdacht, als er aus seiner Hütte kam und lauschte. Natürlich blieben wir sofort stehen, als wir ihn sahen, und kauerten uns in den Schlamm; und obwohl er unmöglich etwas sehen konnte, ging er zurück zur Hütte und kam kurze Zeit später mit seinem Gewehr zurück, an das wir hören konnten, wie er sein Bajonett ansetzte. Während seiner Abwesenheit, die vielleicht zwei Minuten betrug, hatten wir seine Abwesenheit ausgenutzt, um gute zwanzig Meter weiter von ihm wegzukriechen.

Der Leser mag überrascht sein, dass wir seine Bewegungen so gut erkennen konnten, aber man muss bedenken, dass er auf dem Bahndamm stand, während wir uns etwa dreißig Fuß unter ihm im Moor befanden; daher hob sich seine Gestalt für uns ganz deutlich vom Horizont ab. Eine Weile blieb er reglos (wir taten es natürlich auch); dann ging er auf die andere Seite des Gleises und verschwand für ein paar Sekunden aus unserem Blickfeld, was wir sofort ausnutzten, um weitere zehn Meter wegzuschleichen. Diesmal muss er uns wieder gehört haben, denn er verließ das Gleis und begann, auf uns zuzulaufen. Wir wollten gerade aufstehen und losrennen, als er auf halber Höhe des Abhangs stehen blieb und aufmerksam lauschte; dann kletterte er schnell zum Gleis, ergriff seine Laterne und steckte sie in seinen Hut. Offenbar war ihm aufgefallen, dass sein Licht seine Bewegungen verriet. Wieder legten wir weitere zwanzig Meter zwischen uns ab und krochen dabei einen leichten Abhang hinauf, wobei der Boden unter uns mit jedem Schritt trockener wurde, bis wir uns auf einer Straße wiederfanden, wo wir uns flach auf den Bauch legten und auf die nächste Bewegung des Wachpostens warteten.

Es war völlig offensichtlich, dass sein Verdacht berechtigt war, denn er lief umher wie eine Katze auf heißen Steinen. Seine tatsächlichen Bewegungen waren jetzt zu weit entfernt, um sie mit einiger Genauigkeit erkennen zu können. Die Straße, auf der wir lagen, schnitt die Bahnlinie im rechten Winkel; daher das Tor – es war ein Bahnübergang. Die Linie verlief, wie wir wussten, nach Westen; daher verlief diese Straße genau nach Norden und Süden. Wir beschlossen, weiterzufahren und wieder auf die Bahnlinie zu treffen, nachdem wir einen ausreichend großen Umweg um den Wachposten herum gemacht hatten. Dazu mussten wir einer nach dem anderen auf dem Bauch über die Straße kriechen, da wir befürchteten, dass die weiße Straße unsere Gestalten zu stark hervortreten lassen würde, wenn wir auf die übliche Weise krochen. Auf der anderen Seite war eine Hecke aus stacheligem Brombeergestrüpp. Wir kletterten darüber und wurden von hundert Dornen durchbohrt. Auf der anderen Seite der Hecke war ein steiles Ufer und dann – großer Gott! – noch ein See!

Sowohl die Straße als auch die Eisenbahnlinie waren auf einem Damm gebaut. Ich versuchte, durch das Wasser zu waten. Es war zu tief für mich. Schweigend kehrten wir zur Hecke zurück und begannen, einander hinüberzuhelfen, als ich plötzlich spürte, wie mein Begleiter meinen Arm packte. Wir beide blieben reglos; der Griff um meinen Arm wurde allmählich fester, was ich als Schweigen interpretierte, also stand ich regungslos da, stellte keine Fragen und stützte die ganze Zeit das Gewicht meines Begleiters, der auf der Hecke thront, mit einem Bein auf der anderen Seite. Allmählich ließ er sein ganzes Gewicht auf mir ruhen und stieß mich dabei leicht an. Ich spannte jeden Muskel an und stellte ihn lautlos auf seine eigenen Füße; dann, während wir warteten und kaum zu atmen wagten, räusperte sich plötzlich ein Mann mit einem leichten Husten.

Großer Gott! Er konnte keine zwei Meter entfernt sein, und mir wurde klar , dass mein Freund, wenn er über die Hecke gekommen wäre, ihm fast in die Arme gefallen wäre. Einen Moment lang war ich wie versteinert angesichts der drohenden Gefahr, die uns da überrollt hatte. Plötzlich, aus der Dunkelheit, aber bevor mein Gehirn sich einen Aktionsplan zurechtgelegt hatte, hörten wir aus Richtung des Bahnübergangs eine warnende Glocke läuten. Gleichzeitig hörten wir, wie der Wachposten auf der Straße herumschlurfte und davonging. Als das Geräusch seiner sich entfernenden Schritte schwächer wurde, nutzten wir die Gelegenheit, so schnell wie möglich über die Hecke zu klettern und uns im Schatten der anderen Seite zu ducken, wo wir ein paar Sekunden warteten, um sicherzugehen, dass der Wachposten nicht zurückkam. Dann begannen wir, die Straße hinunterzukriechen, wobei wir uns immer so nah wie möglich am freundlichen Schutz der Hecke hielten. Bevor wir weit gekommen waren, wurden wir durch das schrille Pfeifen einer Lokomotive aufgeschreckt. Einen Moment oder zwei, und wir konnten einen schweren Zug hören, der keuchend auf uns zukam, und als er den Bahnübergang passierte, erhoben wir uns und sprinteten ein paar hundert Meter die Straße hinunter, die direkt nach Süden führte, wobei wir uns ganz sicher waren, dass der Lärm des schwerfälligen, vorbeirumpelnden Zuges das Geräusch unserer eiligen Füße völlig übertönen würde.

Hier versuchten wir es erneut mit dem Sumpf, aber es war unmöglich, also beschlossen wir schließlich, der Straße nach Süden zu folgen, bis wir zu unserer Rechten trockenen Boden fanden. Nach etwa einer halben Stunde Fußmarsch erreichten wir ein sehr kleines Dorf am Rande des Sumpfes, das eigentlich nur aus ein paar verstreuten Hütten bestand; wir gingen mit größter Vorsicht hindurch, da in ein oder zwei Hütten noch Lichter zu sehen waren. Sobald wir hindurch waren, fanden wir zu unserer Rechten eine große Fläche gepflügter Felder. Darüber liefen wir weiter, wieder leicht nach Norden, um das südliche Ende des Sumpfes zu erreichen und so mit ihm und unserer geliebten Eisenbahnlinie in Verbindung zu bleiben, die anscheinend immer noch mitten durch ihn verlief. Allmählich begannen die gepflügten Felder in Richtung Moor abzufallen, und in unserer Besorgnis, uns des Moors zu versichern, kamen wir ganz nah an einer großen Scheune vorbei, die uns entgangen war. Als wir das taten, begann ein Hund darin wütend zu bellen. Sofort rannten wir wieder nach Süden davon, und der Hund bellte weiter, solange wir ihn hören konnten.

Wieder versuchten wir , den Rand des Sumpfes zu erreichen. Nachdem wir einen großen Umweg um die Scheune gemacht hatten, erreichten wir ihn sicher, aber diesmal schien er zu unserer großen Zufriedenheit trockener zu sein. Wir versuchten, darauf zu gehen, aber das war noch nicht möglich. Wir folgten dem Ufer, das fast genau nach Westen verlief, und versuchten es erneut. Nach etwa einer weiteren Meile war es immer noch zu nass, aber hier und da konnte man einen einzelnen Baum wachsen sehen. Diese wurden zahlreicher, je weiter wir vorrückten, bis wir schließlich von einem verfallenen Wald aufgehalten wurden, durch den zahlreiche Bäche flossen. Hier stürzten wir uns bis über die Knöchel in den torfigen Sumpf und rückten nach Norden vor, um erneut zu versuchen, die Eisenbahn zu erreichen. Wir kamen nur sehr langsam voran, da wir ständig über Gräben springen mussten, von denen einige zu breit waren, als dass wir auf der anderen Seite erfolgreich landen konnten, worauf wir wieder in das schleimige Wasser rutschten und uns nur mit Mühe wieder herausziehen konnten.

An einer Stelle war ein etwa zwölf Meter breiter Bach, über den man natürlich nicht springen konnte. Als wir einen schweren Baumstamm auf unserer Seite bemerkten, stießen wir ihn ins Wasser und erreichten rittlings auf dem Baumstamm einer nach dem anderen das gegenüberliegende Ufer. Das war nicht so einfach, wie es scheint, da der Baumstamm erst hierhin und dann dorthin rollte; aber schließlich gelang es uns, sicher hinüberzukommen, ohne den Oberkörper nass zu machen. Manche Leute würden sagen, wir hätten hineinspringen und hinüberschwimmen sollen, aber sie müssen sich an unseren Zustand erinnern. Wir beide befürchteten, dass wir, wenn wir erst einmal im Wasser wären, wieder einen Krampf bekommen könnten.

Während wir weiter nach Norden vorrückten, gelangten wir in höher gelegenes Gelände, das immer trockener wurde, und noch bevor wir weit gekommen waren, stolperten wir plötzlich über die Eisenbahnlinie. Welch ein Glück! Wir hatten unsere Richtung wiedergefunden, als wir der Eisenbahnlinie, die immer noch genau nach Westen verlief, etwa eine Meile folgten und plötzlich nach Süden abzweigte. Das schreckte uns ein wenig ab, aber wir beschlossen, ihr noch ein wenig zu folgen; und das taten wir auch sehr gut, denn bald darauf wurden wir von zahlreichen Lichtlinien aufmerksam gemacht, die wie Nadelstiche in der Dunkelheit leuchteten, einige waren rot, andere grün. Dies musste eine große Kreuzung irgendeiner Art sein. Wir schlichen uns vorsichtig näher heran, und je weiter wir kamen, desto mehr Lichter zeigten sich. Neben dem Gleis war eine große Hecke; zu dieser gingen wir und legten uns im Schutz ihres Schattens hin.

Zum ersten Mal merkten wir , dass wir beide sehr müde waren, aber seltsamerweise nicht im Geringsten hungrig – eigentlich hätte keiner von uns etwas essen können, selbst wenn wir es gehabt hätten. Während wir uns ausruhten, schlugen die Glocken einer benachbarten Kirche die zwölfte Stunde. Herrgott! Nur noch fünf Stunden bis zum Tagesanbruch; wir mussten los. Jeder sagte dem anderen, wir müssten sofort los, aber keiner von uns rührte sich, unsere Glieder weigerten sich, uns zu gehorchen. Ich hatte heftige Schmerzen in der Brust, mein Kopf schmerzte und meine Zähne hörten nicht auf zu klappern. Schließlich siegte der Geist über das Fleisch und wir beide bewegten uns näher an die Lichter heran, als wir plötzlich nach rechts blickten und ein helles Licht am Himmel im Norden entdeckten. Großer Gott! Das musste die Stadt V—— sein; es kann im Umkreis von fünfzig Meilen keinen anderen Ort geben, der groß genug wäre, um ein solches Licht auszustrahlen, und V—— war drei Meilen hinter der niederländischen Grenze. Mein Begleiter weigerte sich zu glauben, dass wir so nahe sein könnten, aber ich bestand darauf. „Was ist dann diese Stadt vor uns?" „Es muss K—— sein", antwortete ich. Das liegt, wie Sie wissen, direkt auf dieser Seite der Grenze und südwestlich von V——.

Für den Moment waren unsere Sorgen vergessen, als wir uns den willkommenen Lichtern von V— näherten. Aber unsere Probleme hatten gerade erst begonnen; der Höhepunkt des Abenteuers sollte noch kommen.

Kapitel XV:

Den Wachen entkommen

ALS wir über stark gepflügte Felder in Richtung V— gingen, merkten wir, dass wir nur ganz langsam anstiegen. Unterwegs kamen wir an einer Reihe von Pfosten vorbei, die in gerader Linie von Norden nach Süden verliefen. War das die Grenze? Es waren sicherlich Grenzpfosten irgendeiner Art. Aber das konnte auch nicht die Grenze sein, denn wir hatten überhaupt keine Wachposten gesehen und wussten, dass es mindestens zwei Reihen davon gab. Wir drängten weiter vorwärts, nur mit erhöhter Vorsicht, und warfen uns jedes Mal aufs Gesicht, wenn wir ein Geräusch hörten oder etwas Verdächtiges sahen. Wir näherten uns einer Hohlstraße, auf der sich anscheinend eine Reihe von Blockhäusern befand, etwa hundert Meter voneinander entfernt. Diese waren von Soldaten besetzt, denn ein- oder zweimal öffnete sich eine Tür, ließ eine Flut von Licht herein und enthüllte einen Mann in deutscher Uniform, der sein Haus verließ und mit einer Laterne in der Hand zu einem anderen ging. Diese löschte er aus und ging hinein. Die ganze Zeit über lagen wir in Ungewissheit, nicht mehr als sechzig Meter von einem dieser Blockhäuser entfernt.

Sobald der Soldat verschwunden war, krochen wir über die Straße und näherten uns dem bereits erwähnten Schein am Himmel. Nach einer Meile endete der Pflug und wir näherten uns einer scheinbar langen Hecke, aber als wir uns ihr näherten, stellten wir fest, dass es sich um den Rand eines dichten Ginsterwaldes handelte. Wir drangen einige Meter in diesen ein, als wir auf einen kleinen Pfad stießen, der durch den Ginster führte. Hier hielten wir eine flüsternde Beratung ab und kamen zu dem Schluss, dass uns der Anblick überhaupt nicht gefiel. Wir legten uns in den Ginster neben dem Pfad, um jedes Geräusch zu hören, das verraten könnte, dass außer uns noch andere dort waren.

Kaum waren wir in den Besen versunken, als die tiefe Stille des Ortes durch das Geräusch von Schritten unterbrochen wurde, die immer näher kamen, bis ein Wachposten mit seinem Gewehr am Hang an uns vorbeikam; er war so nah, dass ich ihn hätte berühren können. Es ist nicht nötig zu beschreiben, wie aufgeregt wir waren, als wir entdeckten, dass wir uns tatsächlich an der Grenze befanden. Der Moment, in dem wir schnell und furchtlos handeln mussten, war gekommen! Ich zog mein Taschenmesser heraus, schnitt hastig die Schnürsenkel meiner Stiefel durch, zog sie aus und trottete in Strümpfen lautlos hinter dem Wachposten den Weg hinunter. Glücklicherweise war dieser Weg nicht geradeaus verlaufen, sondern wand sich hier und da, sodass ich ihm von Ecke zu Ecke folgen konnte. Ein- oder zweimal bildete ich mir ein, seine Gestalt vor mir zu erkennen, aber ich konnte das Geräusch seines schweren Tritts deutlich genug hören, um zu wissen, ob er anhielt, sonst wäre ich vielleicht plötzlich um eine Ecke auf ihn gestoßen.

Wir müssen auf diese Weise etwa siebzig Meter weit gegangen sein, als der Soldat vor mir angesprochen wurde, aber ich konnte die Antwort nicht verstehen. Dann hörte ich deutlich zwei, wenn nicht drei Stimmen im Gespräch, obwohl ich gut dreißig Meter entfernt gewesen sein musste, was mich zu der Annahme veranlasste, dass unsere Anwesenheit zumindest im Moment nicht vermutet worden war, sonst hätten sie ihre Stimmen besser gedämpft. Wieder ließ mich ein leises Geräusch glauben, dass unser Wachposten unterwegs war. Sofort schlich ich mich in die Büsche, um abzuwarten, was passierte, und dachte, dass er vielleicht zurückkehren würde, aber nichts geschah, bis ich vor mir eine weitere Ansprache hörte, diesmal sehr undeutlich. Ich kam nun zu dem Schluss, dass wir uns in einer Reihe von Außenposten befanden und dass unser Wachposten die besuchende Patrouille war, was sich als richtig herausstellte. Wenn dies der Fall war, dann musste sich ganz in der Nähe der Stelle, an der ich meinen Begleiter zurückgelassen hatte, ein weiterer Wachposten befinden – tatsächlich zu nahe, um meine Ruhe zu haben –, und ich machte mich sofort auf den Rückweg.

Auf meinem Rückweg fiel mir zum ersten Mal auf, dass ich an einer Reihe kleiner Pfade vorbeigekommen war, die durch das Ginstergestrüpp führten, in derselben Richtung wie der, auf dem ich mich befand, aber im rechten Winkel dazu verliefen – tatsächlich in Richtung dessen, was wir für die Grenze hielten. Konnten wir es uns leisten, einen dieser Pfade zu nehmen? Wenn es vor uns noch weitere Wachposten gab, sicherlich nicht. Während ich in diese Überlegungen vertieft war, hörte ich plötzlich etwas auf mich zukommen. Ich eilte weiter, erreichte die Stelle, wo ich meinen Freund vermutete, und ließ mich in die Büsche fallen. Nach wenigen Augenblicken kam derselbe Wachposten wieder vorbei, so nah, dass ich ihn hätte berühren können. Nach zehn bis fünfzehn Metern wurde er erneut angesprochen, worauf er mit „Freund" antwortete, woraufhin ich glaubte, ein paar gemurmelte Worte über kommenden Regen zwischen ihnen zu hören, und einer von ihnen ging wieder weg. Meine Schwierigkeit bestand nun darin, meinen Begleiter zu finden, ohne ein Geräusch zu machen, das der Wachposten in unserer Nähe hören konnte. Ich schlich den Weg entlang und versuchte die Stelle zu finden, an der ich meine Stiefel ausgezogen hatte, war aber völlig ratlos, als ich zu meiner Genugtuung eine weitere Gestalt auf mich zukommen sah.

Glücklicherweise hatte mein Freund mich zurückkommen sehen und sich meine Position gemerkt. Wir besprachen dann flüsternd das Ergebnis meiner Erkundungsbewegung und beschlossen, den Besen zu nehmen und zu versuchen, der Richtung eines der rechtwinklig verlaufenden Pfade zu folgen. Dies führten wir sofort aus, stellten jedoch sehr bald fest, dass die Störung, die wir verursachten, für uns tödlich sein würde, da es fast unmöglich ist, durch dickes, biegsames Zeug wie Besen zu gehen oder zu kriechen, ohne ein Geräusch zu verursachen. Nachdem wir also ein paar Meter gegangen waren, beschlossen wir, uns einem der Pfade anzuvertrauen, was wir taten, indem wir an seinem Rand entlanggingen und von Busch zu Busch auswichen.

Der Mond spielte uns jetzt die ärgerlichsten Streiche; manchmal war er ganz verborgen, nur um plötzlich wieder zwischen den leichten Wolken hervorzublitzen, die den Himmel verdunkelten. Wir mussten etwas über hundert Meter oder so zurückgelegt haben, als wir wieder jemanden reden hörten, diesmal fast direkt vor uns; also gingen wir wieder in den Besen hinein, in südwestlicher Richtung, und stießen innerhalb weniger Minuten auf einen anderen Pfad, der parallel zu dem verlief, den wir gerade verlassen hatten. Das munterte uns auf, da wir dachten, wir wären einem Wachposten vor uns auf dem anderen Pfad entkommen; aber unsere Hoffnungen wurden schnell zunichte gemacht, als wir das glühende Ende einer Zigarette direkt neben dem Pfad sahen, auf dem wir uns jetzt befanden, und nicht mehr als dreißig Meter vor uns. Für einige Momente fühlten wir uns ziemlich hoffnungslos, beschlossen aber bald, dass wir es riskieren mussten, zwischen den beiden durch den Besen zu kriechen. Also betraten wir den Besen erneut, arbeiteten uns zu einer Stelle vor, die unserer Einschätzung nach ungefähr gleich weit von den beiden Wachposten entfernt war, und begannen, unter äußerster Vorsicht vorwärts zu kriechen.

Wir bahnten uns unseren Weg durch das Besengestrüpp, indem wir einer hinter dem anderen herkrochen. Der Vorderste teilte die Büsche vorsichtig und hielt sie zurück, damit der Hinterste hindurchkam, damit sie nicht zurückschnellten und ein verdächtiges Geräusch verursachten. Etwa alle zehn Meter reckte einer von uns vorsichtig seinen Kopf über das Besengestrüpp, um zu sehen, ob wir die Richtung relativ zu den Wegen einhielten. Bei einer dieser Erkundungen stellten wir fest, dass wir uns auf gleicher Höhe mit den Wachposten rechts und links von uns befanden; denn dort rechts von uns stand der andere Mann, der ebenfalls rauchte. „Gesegnete Zigarre, oder was immer du bist! Was für ein herrliches Leuchtfeuer du strahlst!“

Wir krochen weiter und ließen die Wachen hinter uns. Nachdem wir ein Stückchen weitergekommen waren, bemerkten wir, dass der Ginster allmählich dünner wurde und dicht mit Heidekraut durchsetzt war, bis schließlich nur noch dichtes, etwa einen Fuß hohes Heidekraut vorherrschte. Hier bemerkten wir, dass ein leichter Wind aufgekommen war, was uns ermutigte, da es die Wahrscheinlichkeit verringerte, dass wir gehört wurden.

Andererseits war der Mond hinter einer großen Wolkenmasse hervorgekommen, so dass wir aus sehr großer Entfernung gesehen werden konnten. Glücklicherweise sank er und würde uns nicht mehr lange stören. Vor uns lag ein langer Streifen flaches Heidekraut, über das wir weiterkriechen mussten, sowohl weil unsere Gestalten von den Wachen hinter uns leicht gesehen werden konnten, als auch weil wir nicht wussten, was vor uns liegen könnte.

Wir hatten zwei Linien durchquert, möglicherweise waren wir tatsächlich über der Grenze; aber das durften wir nicht riskieren. Die Aufstellung der Wachen, die wir entdeckt und die, die wir ausgeschaltet hatten, war wie nebenstehend dargestellt. Immer noch kriechend, drangen wir langsam und vorsichtig vor – zunächst, um

stellen Sie sicher, dass die Wachen hinter uns nichts sehen konnten; dann, als wir eine gute Distanz zwischen uns gebracht hatten, begannen wir das Tempo zu beschleunigen, bis wir fast auf Händen und Knien liefen. Aber die Anstrengung, so lange zu kriechen, raubte uns schnell die Kraft, die wir noch hatten. Alle zehn oder zwanzig Meter waren wir gezwungen, uns für ein paar Augenblicke ins Heidekraut zu versenken, um ein wenig mehr Energie zum Weiterlaufen zu sammeln und auch um unsere Beine auszustrecken; denn jetzt litten wir qualvoll unter Krämpfen, die durch die ungewohnte Beanspruchung der beim Kriechen verwendeten Muskeln verursacht wurden – sogar unsere Zungen krümmten sich in unseren Mündern; aber wir bissen die Zähne zusammen und krochen trotz des Krampfes weiter.

„Wir müssen es schaffen, wir müssen die Boches besiegen! Meine Güte! Wie krank werden sie sein, wenn wir rüberkommen! Aber sollen wir das? Gott sei Dank, die Leute zu Hause wissen nicht, dass wir gejagte Tiere sind, und sie können die Gefahr nicht erkennen, in der wir uns befinden; aber du siehst alles, du alter Mond dort oben – du kannst die Gefahren vor uns sehen – du, der du alles siehst, was die Nacht tut, was hält das Schicksal für dich bereit? – du mit dem verlockenden Lächeln, so kalt und distanziert! Ich würde dich beschimpfen, wenn ich keine Angst vor dir hätte. Bitte starr mich nicht so an."

Plötzlich versank der Mond hinter einer großen Wolke, und mein Freund und ich konnten aufstehen und langsam weitergehen. Wir waren sehr erleichtert, unsere Beine wieder vertreten zu können. Das hielt jedoch nicht lange an, da wir plötzlich das Geräusch von Männern vernahmen, die gleichmäßig auf einer harten, klingenden Oberfläche schritten. Augenblicklich lagen wir auf unseren Knien im Heidekraut. Wo um alles in der Welt konnte der Mann sein? Soweit wir sehen konnten, bevor der Mond hinter den Wolken verschwunden war, war keinerlei Straße zu sehen. Auf jeder Seite von uns war eine unberührte Heidefläche, und doch war das Geräusch von jemandem, der ging, unverkennbar und wurde deutlicher, je näher wir krochen. Wir waren völlig verblüfft, als ich nach rechts blickte und ein weiteres Leuchtfeuer sah, vielleicht hundert Meter entfernt. Jemand rauchte, und der Raucher bewegte sich. Zuerst schien er auf uns zuzukommen; Da sich unsere Lage jedoch weder durch Vorrücken noch durch Rückzug verbessern ließ, beschlossen wir, dort zu bleiben, wo wir waren, und uns im Heidekraut zu verkriechen.

Nach einer Weile stellten wir fest, dass sich das Licht von uns entfernte und plötzlich ganz verschwand. Vorsichtig krochen wir wieder vorwärts, das Geräusch des Schrittes wurde so deutlich, dass es schien, als könne es nicht mehr als ein paar Meter entfernt sein. Plötzlich, ohne Vorwarnung, sahen wir beide auf einen Hohlweg hinunter, der etwa zwölf Meter tief und vielleicht einhundertzwanzig Meter breit war. Wir mussten über eine steile Sandbank auf die harte Oberfläche des darunter liegenden Weges hinabsteigen. Das Geräusch eines auf und ab gehenden Menschen verwirrte uns nicht länger; denn dort, keine zehn Meter entfernt, stand eine kleine Hütte, genau in der Mitte des Hohlwegs, auf deren anderer Seite jemand auf und ab ging. Wir konnten den Mann nicht sehen, aber wir konnten unterscheiden, wann er auf uns zukam, wann er anhielt und wann er in die entgegengesetzte Richtung ging.

Wieder wurden wir durch das Geräusch von etwas gestört, das sich rau durch das Heidekraut hinter uns bewegte. Wir wurden jetzt von beiden Seiten bedroht, so dass sofortiges Handeln erforderlich war. Um auf die Straße hinunterzugleiten, warteten wir, bis der Wachposten sich offensichtlich von uns entfernte, und ließen uns dann kopfüber den Sandhang hinunter. Ich grub meine Nägel und Zehen in den Sand, aber der Abhang war zu steil. Swish! und ich fand mich am Straßenrand liegend wieder und wartete darauf, dass mein Partner es mir gleichtat. Swish! und auch er lag neben mir. Einen Moment lang lauschten wir, ob der Wachposten auf dem Rückweg war – wir konnten es nicht sicher sein. In diesem Moment des Wartens kam der Mond wieder klar und hell hervor und die Schritte des Wachpostens kamen immer näher. Er konnte uns nicht übersehen; unsere dunklen Körper mussten sich deutlich vom glitzernden Weiß der Straße abheben. Wir lagen still und atmeten kaum. In einem Moment würde er uns sehen – vielleicht hatte er es bereits getan; er zielte und wir warteten auf die Kugel. Oh, die Spannung des Augenblicks! Langsam – es kam uns vor wie eine Ewigkeit – kam er näher, und dann hörten wir, wie er sich umdrehte und wieder wegging. Sofort schlängelten wir uns auf dem Bauch über die Straße und versuchten, die andere Seite lautlos zu erklimmen; aber sie war steil und sandig, ähnlich der Seite, die wir gerade heruntergekommen waren, und für jeden Meter, den wir hinaufstiegen, kamen wir einen hinunter.

Wieder einmal war der Wachposten auf dem Rückweg, was uns erneut zum Schweigen zwang; aber diesmal war es nicht so einfach, da wir uns am Abhang befanden. Vergeblich gruben wir unsere Hände und Füße in den Sand; wir rutschten langsam, aber sicher, Zoll für Zoll, hinab. Er konnte den rutschenden Sand nicht überhören, dachten wir zumindest; aber das tat er nicht, und als er wieder von uns wegging, kletterten wir hinauf, ungeachtet des Lärms, den wir machten. Er schien immer noch nichts zu hören, aber wir erreichten sicher den Gipfel.

Sobald wir wieder zu Atem gekommen waren und Zeit hatten, unsere neue Position zu erkunden, stellten wir zu unserer Überraschung fest, dass wir neben einem neuen, im Bau befindlichen Gleis lagen. Direkt vor uns lag ein großer Haufen Feuersteine, offensichtlich für den Einsatz auf dem Gleis. Es wäre unmöglich gewesen, darüber hinwegzukommen, ohne einen einzigen Feuerstein zu verlieren. Aber wir mussten darüber hinwegkommen, und schließlich gelang es uns, ohne viel Aufsehen zu erregen; aber für mich war das kein Spaß, da ich keine Stiefel anhatte. Als wir auf der anderen Seite waren, eilten wir über das Gleis. Vor uns befand sich ein großer Schuppen, offensichtlich für Vorräte und Werkzeuge, da mehrere Schubkarren herumstanden. Aus Angst, es könnte ein Nachtwächter da sein

Wir begannen, es rechts zu umgehen, und hatten den Weg kaum ein paar Meter weit hinter uns, als wir einem Wachposten beinahe in die Arme liefen. Ob er uns zuerst sah oder wir ihn, weiß ich nicht. Er war nicht mehr als vierzig Meter entfernt, nur eine kleine Hecke trennte uns von ihm .

Wir waren ziemlich gefangen. Sofort packte ich meinen Freund am Arm und führte ihn direkt zum Geräteschuppen , wo ich an die Tür klopfte. Der Wachposten kam schnell auf uns zu. In dem Moment, als ich klopfte, rief er „Halt!", woraufhin wir beide um den Schuppen auf der anderen Seite herumliefen und ihn zwischen ihn und uns brachten. Zweimal hörten wir ihn verzweifelt „Halt!" schreien, aber wir hatten links von uns eine hohe Hecke gesehen, die in die Richtung verlief, in die wir wollten. Wir rannten dorthin und rannten in ihrem Schatten weiter, bis wir aus Atemnot umfielen. Jeden Moment erwarteten wir das Zischen einer Kugel, aber offensichtlich hatten wir ihn abgeschüttelt .

Es war jetzt stockfinster, der Mond war endgültig verschwunden, wofür wir sehr dankbar waren. Doch bevor wir wieder zu Atem gekommen waren, um weiterzugehen, wurde die Stille der Nacht jäh durch das Geräusch von sechs Schüssen unterbrochen, die in schneller Folge abgefeuert wurden. Diese Schüsse mussten eine halbe Meile rechts von uns gewesen sein, aber in der Stille des frühen Morgens klangen sie viel näher. Leider hatten wir in unserer eigenen Notlage das andere Fluchtpaar vergessen. Glücklicherweise brachten wir diese Schüsse nie mit unseren verstorbenen Kameraden in Verbindung, sonst hätte uns das Wissen um ihre Sicherheit sicherlich große Sorgen bereitet.

Sehr bald fühlten wir uns wieder ausreichend erholt, um weiterzugehen. Außerdem wollten wir uns weiter von dem Wachposten entfernen, der uns beinahe erwischt hätte, da wir befürchteten, er könnte uns mit Hunden verfolgen, obwohl wir davon ausgingen, dass wir jetzt außer Gefahr sein müssten, auch wenn wir die Grenze noch nicht wirklich überschritten hatten, da wir im Besengang zwei Wachpostenlinien passiert hatten und nun diese letzte Linie, die wir gerade durchquert hatten. Die Deutschen konnten unmöglich mehr als drei Linien haben, da sie an der Front zu dringend Männer brauchten, um sie mit der Bewachung der Grenze verschwenden zu können, dachten wir zumindest.

Langsam und mühsam – denn wir waren fast am Ende unserer Kräfte – bahnten wir uns unseren Weg nach Osten durch einen dünn bewachsenen Wald, auf dessen anderer Seite wir ein großes Ackerland durchquerten. Wir waren so sicher, dass wir über die Runden gekommen und in Sicherheit waren, dass wir tatsächlich begannen, darüber zu diskutieren, ohne uns die Mühe zu machen, unsere Stimmen sehr zu senken. Plötzlich rief ein Mann „Halt!“ Als wir nach links blickten, sahen wir eine Gestalt auf uns zukommen. Er konnte nicht mehr als zwölf Meter entfernt gewesen sein, sonst hätten wir ihn in der Dunkelheit nicht gesehen. „Los!“ und wir rannten um unser Leben über den Acker. „Halt!“ Wir rasten weiter. Dann ertönte sein erster Schuss. Was für ein böses Knallen, als die Kugel irgendwo neben meinen Füßen auf den Boden traf! Ich war schneller unterwegs, als ich es jemals in meinen Fußmarschtagen auf dem Flügel geschafft hatte, und dann traf die zweite Kugel direkt unter meiner Nase. Ich konnte den Luftzug an meinem Mund spüren. Sein dritter Schuss ging einen oder zwei Fuß über meinem Kopf vorbei.

Wo war mein Gefährte? Ein vierter Schuss und ein schwerer Sturz in einiger Entfernung hinter mir. „Mein Gott! Sie haben ihn!“ Sollte ich anhalten? Nein! Jetzt ist jeder auf sich allein gestellt – das war klar. Dann ertönte ein weiterer Schuss durch die Nacht, irgendwo weit hinter mir. Der Wachposten machte meinen Freund fertig. Grauenhaft! Ich flog weiter und fiel plötzlich kopfüber in einen Graben. Ich war zu fertig, um weiterzugehen, und lag da und rang nach Luft; aber der Selbsterhaltungstrieb ist schwer zu brechen, und bald überlegte ich, was ich als nächstes tun musste. Das Licht der Morgendämmerung würde bald über mich hereinbrechen. Ich musste mir für den kommenden Tag ein besseres Versteck suchen.

Was kommt da auf mich zu? Bilde ich es mir ein? Nein. Bei Gott! Es ist ein Mann, und er bewegt sich so langsam, dass es der Wachposten sein muss; er sucht mich. Er wird fast auf mir laufen. Gut, mein Freund; wenn du mich um einen Fuß verfehlst, erwürge ich dich von hinten. Die Gestalt kam näher, war neben mir; im Nu war ich auf seinem Rücken und hatte ihn niedergestreckt. Ein vertrautes Stöhnen. Herrgott! Es war mein Gefährte. Ich hätte beinahe über ihn geweint, aber seine Wut war durch den Schlag, den ich ihm versetzt hatte, verflogen, und es dauerte eine Weile, bis er etwas mit mir zu tun haben wollte.

„Ich bin dir so gut ich konnte gefolgt“, keuchte er, „und ich dachte, ich hätte dich verloren, und ich habe nicht die leiseste Ahnung, wo ich bin. Dieses Biest hat sich auf mich geworfen, nachdem er dir die ersten drei verpasst hatte. Der erste traf mich direkt unter der Ferse und streckte mich nieder, aber ich stand auf und rannte in die Richtung, in die ich dachte, du seist gegangen. Dann hat er noch einmal geschossen, aber es war meilenweit hinter mir.“

Als mein Freund wieder ausreichend zu Atem gekommen war, machten wir uns wieder auf den Weg und gelangten nach ein paar hundert Metern in ein Gebiet mit verdorrtem Wald. Hier hatten wir große Schwierigkeiten, weiterzukommen, da wir aufgrund des Mangels an Nahrung und der extremen Kälte erschöpft waren. Immer wieder stolperten wir über Baumstümpfe auf unserem Weg und fielen der Länge nach auf die andere Seite, nur um uns dann in der benommenen Entschlossenheit wieder aufzurappeln, weiterzugehen, solange wir noch Kraft hatten. Immer wieder stürzten wir bei unserem blinden Vorankommen zu Boden, bis wir schließlich beide an derselben Stelle umfielen, wo wir uns schließlich entschieden, uns auszuruhen, bis die Morgendämmerung anbrach, die gerade anbrach.

Während wir rasteten, wurde uns allmählich klar, dass wir nicht allein im Wald waren, denn wir hörten etwas durch das Unterholz auf uns zuraschehn. Noch war es ein Stück entfernt. Instinktiv standen wir auf und stolperten weiter, ein wenig erfrischt von unserer kurzen Rast. Ein- oder zweimal blieben wir stehen, um herauszufinden, ob wir verfolgt wurden, und stellten fest, dass die Person hinter uns jedes Mal, wenn wir anhielten, dasselbe tat. Offensichtlich versuchte er anhand des Lärms, den wir machten, als wir durch das Unterholz gingen, unsere Position herauszufinden, und er schien diese Tatsache voll auszunutzen, denn es schien uns, als sei er viel näher als bei dem ersten Mal, als wir ihn gehört hatten.

Irgendwie gelang es uns, schneller voranzukommen als bisher, und dabei kamen wir durch eine kleine Lichtung, in der wir einige Bündel abgeschnittener Reisigbündel bemerkten, und mir kam die Idee, dass sie uns möglicherweise helfen könnten, unserem Verfolger zu entkommen. Wir ergriffen hastig ein oder zwei dieser Reisigbündel und stürzten uns in das Unterholz auf der anderen Seite der Lichtung; dann blieben wir stehen, um die Richtung des Mannes hinter uns zu erfahren, der wiederum stehen blieb, als er bemerkte, dass wir uns nicht bewegten. Dann schwang ich eines der schwersten Reisigbündel nach links, direkt über die Spitze des Gebüschs. Sobald es landete, lief der Mann in die Richtung des Geräusches, das es gemacht hatte, als es durch das Gebüsch fiel. In der Zwischenzeit blieben wir still im Gebüsch kauern. Schließlich hörten wir den Mann, oder was auch immer es war, links an uns vorbeigehen, in die Richtung, in die ich das Reisigbündel geworfen hatte, und wir hörten nichts mehr von ihm.

Es war heller Tag, als wir weiterzogen, und wir stellten fest, dass wir uns nur wenige Meter vom Waldrand entfernt ausgeruht hatten. Vor uns lag eine Ackerfläche, die sich jedoch deutlich von dem unterschied, was wir zuvor gesehen hatten. Hier waren die Felder ordentlich gemäht; Hecken trennten die Felder von den anderen; auch die Furchen waren regelmäßiger und nicht so weit auseinander. Mein Begleiter und ich diskutierten darüber und kamen zu dem Schluss, dass dies überhaupt nicht wie das Werk der Boche aussah , was uns glauben ließ, dass wir endlich wirklich drüben waren. Das waren wir auch, und zwar schon seit ein paar Meilen, obwohl wir natürlich keine Möglichkeit hatten, das herauszufinden. Später hörten wir, dass der Mann im Wald, dem wir entwischt waren, ein holländischer Wachposten war. Oh! Wenn wir das nur gewusst hätten, hätten wir ihn ganz bestimmt umarmt und ihn wahrscheinlich um etwas zu essen gebeten: nicht, dass wir im Geringsten hungrig gewesen wären; das hatten wir schon vor langer Zeit hinter uns.

Am Ende eines dieser gepflügten Felder wurden wir von einem breiten Graben von etwa neun Metern Breite gestoppt, auf dessen anderer Seite eine Eisenbahnlinie verlief. Wie um Himmels Willen sollten wir da hinüberkommen? Ich persönlich setzte mich verzweifelt hin und fragte mich benommen, wer diesen scheußlichen Graben dort angelegt hatte. Mein Freund suchte rechts und links nach einer Brücke, fand aber nichts. Als er zu mir zurückkam, bemerkte er, dass ich auf einer langen Stange saß.

„Kopf hoch, alter Mann! Genau das wollen wir", sagte er. „Wir können mit der Stange springen." Und das taten wir.

Auf der anderen Seite der Bahnstrecke erreichten wir ein kleines Dorf, das an einer großen Hauptstraße lag. Als wir die Straße überquerten, sahen wir eine Reihe von Bäumen, die sich von Norden nach Süden erstreckten, so weit das Auge reichte – hinter den Bäumen eine lange weiße Linie, die wie Nebel aussah . Als wir näher kamen, erkannten wir, dass es ein Fluss war. Als wir sein Ufer erreichten, stellten wir fest, dass er etwa 300 Meter breit war.

„Es ist die Maas!", kreischte ich, „ und wir sind drüben, Mann. Wir sind über drei Meilen weit gekommen und wussten es nicht. Verstehst du, du Dummkopf? Wir sind drüben! Wir sind frei! Wir sind entkommen!"

Dann setzte ich mich hin und weinte wie ein Kind. Sehr bald entschied mein Begleiter, dass wir ans andere Ufer schwimmen müssten.

„Da drüberschwimmen, in unserem Zustand! Sie müssen verrückt sein! Ich sage Ihnen, die Maas mündet nirgendwo in Deutschland, im Umkreis von hundert Meilen von hier.“

„Nun“, antwortete er, „auf der anderen Seite ist es sicherer“, und begann, seinen Mantel auszuziehen .

„Sei kein Idiot. Das könntest du nicht schwimmen, selbst wenn du fit und stark wärst. Aber mach weiter, altes Ding! Ich werde dir beim Ertrinken zusehen. Ich bin vollkommen zufrieden damit, für immer und ewig hier zu liegen.“

KAPITEL XVI

FREIHEIT UND GLÜCK!

UND so lagen wir da und wunderten uns über all das, bis wir die Glocken einer Kirche weit oben am Fluss sieben Uhr schlagen hörten.

„Hören Sie, alter Mann, wir werden wieder steif; wir müssen weiter, irgendwohin."

Also gingen wir nach Norden, immer dicht am Flussufer entlang, und nach etwa einer Stunde Fußmarsch erreichten wir die Außenbezirke von V——. Wir durchquerten den Teil der Stadt, der am Ostufer liegt, und erreichten die große Brücke. Über diese machten wir uns auf den Weg, da wir den Fluss zwischen uns und den Feind bringen wollten. In der Mitte der Brücke wurden wir von der niederländischen Wache angehalten und befragt. Als wir erklärten, wir seien zwei britische Offiziere, die gerade aus Deutschland geflohen seien, wirkte der niederländische Unteroffizier ziemlich skeptisch. Da er weder Deutsch noch Französisch sprach, hatten wir einige Schwierigkeiten, ihn zu überzeugen. Unser Aussehen war jedenfalls nicht sehr beruhigend. Mein Begleiter sah nicht so schlimm aus, obwohl seine Kleidung stark zerrissen war und er von Kopf bis Fuß mit Schleim bedeckt war; aber seine Feldstiefel waren Feldstiefel und hätten Aufmerksamkeit erregen sollen. Ich selbst bot einen schrecklichen Anblick; und was das Ganze noch schlimmer machte, waren meine Socken durchgelaufen und ließen Schnittwunden und blutende Füße sehen.

Nachdem wir etwa zehn Minuten auf der Brücke gewartet hatten, wurde einem der Wachposten befohlen, uns in die Kaserne oder ins Barackenzimmer zu bringen. So wurden wir zurück auf die Ostseite der Brücke geführt. Hier teilte man uns mit, dass der verantwortliche Offizier nicht aufgestanden sei, er aber sofort über unsere Ankunft informiert würde. Nach ein oder zwei Minuten kam der Offizier persönlich, um uns zu begrüßen, und führte uns in sein Schlafzimmer, wo er gerade seine Toilette fertig machte.

Was für ein großartiger Empfang uns dieser holländische Offizier bereitete! Eigenhändig zog er mir die Socken aus, wusch mir die Füße und schmierte die wunden Schnitte mit einem Zeug ein, von dem er offenbar großen Glauben hatte. Als er feststellte, dass die Stiefel meines Freundes zu viel für ihn waren, rief er ein paar seiner Ordonnanzen, die es nach langem Ziehen schafften, sie von seinen geschwollenen Füßen zu entfernen. Dann machte sich der holländische Offizier geschäftig auf den Weg und bestellte Frühstück für uns. Was hätten wir gern? Eier und Speck, natürlich! Das mochten alle Engländer.

„Ja, meine Köchin macht sie wunderbar. Du wirst es sehen.“

Dann ließ er uns unsere Kleider ausziehen und waschen; saubere Hemden und Westen wurden aus der Offiziersgarderobe besorgt; und schließlich rief er den Militärarzt an und teilte ihm mit, dass er ein paar schlimme Fälle habe. Die ganze Zeit war er geschäftig damit beschäftigt, uns hier und da zu helfen, und schien nie müde zu werden, uns zu sagen, was für nette Kerle wir seien, was wir natürlich beide zustimmten. Als das Frühstück kam, schwärmte er um uns herum wie eine Henne um ihre Küken, aber wir konnten kaum etwas essen. Mit großer Mühe gelang es uns, ein Ei herunterzuschlucken, mehr um dem guten Kerl eine Freude zu machen als aus anderen Gründen.

Bald nach dem Frühstück kam der Arzt und wir wurden in einem Taxi zum Krankenhaus gebracht. Hier wurden wir wie Prinzen behandelt. Nichts war zu gut für uns. Es war schön, dass man sich um uns kümmerte, nachdem wir so lange vernachlässigt worden waren, und wir schätzten ihre Freundlichkeit sehr. Zuerst nahmen wir ein sehr heißes Bad. Oh, der Luxus, noch einmal ein richtiges Bad zu haben! Nach dem Bad gingen wir ins Bett und schliefen rund um die Uhr. Noch ein Bad, jede Menge zu essen und noch mehr Schlaf! Der Arzt sagte, wir müssten bleiben, bis wir uns stark genug fühlten, um die Reise nach Rotterdam anzutreten. Wann ging der nächste Zug, fragten wir. Oh, in ein paar Stunden. Nun, wir fühlten uns jetzt stark genug für Rotterdam, und sobald es möglich war, ging es nach England und dann nach Hause.

Und so verließen wir an diesem Morgen V——— und alle unsere guten Freunde und reisten in Begleitung eines weiteren niederländischen Offiziers in Pullman-Waggons erster Klasse nach Rotterdam. Bei unserer Ankunft wurden wir dem britischen Konsulat übergeben. Alle dort waren die Freundlichkeit in Person; man traf Vorkehrungen, damit wir Zivilkleidung kaufen konnten, und schon bald waren wir komplett ausgestattet.

Von Rotterdam wurden wir nach Den Haag gebracht (bis ein britisches Schiff uns nach England bringen würde), wo uns der britische Botschafter und seine Frau in der Botschaft willkommen hießen. Auch hier war man uns gegenüber nicht zu freundlich und wir werden uns immer an die große Freundlichkeit erinnern, die sie uns entgegenbrachten. Das hat mich nach unserer schrecklichen Erfahrung zutiefst berührt.

Und dann war der große Tag da, an dem wir tatsächlich wieder England betraten!

Aber wie würde es in England aussehen? Wie hatte es die Belastungen eines fast dreijährigen Krieges mit Ausgaben von beinahe acht Millionen pro Tag ertragen? Dass eine so enorme Summe aus den Ressourcen unseres Empires zusammengetragen worden war, ohne dass wir einen sofortigen Bankrott befürchten mussten, erfüllte uns mit freudigem Stolz auf die Rasse, der wir angehörten. Aber wie war es mit dem Blutzoll? War dieser so furchtbar, wie man ihn uns dargestellt hatte? Nicht dass wir uns wirklich vom *Continental Times* oder einer anderen Zeitung hätten beeinflussen lassen, die die deutsche Regierung als Teil ihres allgemeinen Verfolgungssystems unter den alliierten Kriegsgefangenen verbreitete; denn die Deutschen sind Meister der seelischen ebenso wie der körperlichen Qual. Aber diese Zeitungen, die unsere einzige Quelle regelmäßiger Nachrichten waren, hatten tief in unseren Herzen den Grundstein für den Zweifel gelegt, dass bei den Leuten daheim vielleicht nicht alles ganz so gut stand; denn wenn ein Tag auf den anderen folgte, aus Wochen Monate und aus Monaten Jahre wurden und die Entente keine nennenswerten Fortschritte gemacht hatte, brauchte es einen wahren Helden des Optimismus, wenn nicht einen Narren, um absolut frei von dem Krebsgeschwür des Zweifels zu bleiben. Unter den gegebenen Umständen war es unmöglich zu berechnen, wie lange wir unter diesen entsetzlichen Bedingungen noch als Exilanten leben müssten . Wir dürfen nicht auf eine baldige Rückkehr des Friedens hoffen, denn ein früher Frieden würde bedeuten, dass die Sache der Entente verloren wäre, dass das Unrecht über das Recht triumphieren würde, was sicherlich unmöglich sein musste; und so machten es sich die Gefangenen zur Pflicht, zu lachen und zu sagen: „Oh! Noch drei oder vier Jahre", wenn sie von irgendeinem deutschen Soldaten verstohlen gefragt wurden, wie lange der Krieg noch dauern würde.

Ich frage mich, ob die Menschen zu Hause jemals realisieren , dass die Gefangenen in Deutschland zu den größten Helden dieses Krieges zählen. Auf dem Schlachtfeld werden die Helden, oder zumindest einige von ihnen, anerkannt und entsprechend belohnt; der Verbannte hingegen wird nie erkannt, obwohl er gegen weit hoffnungslosere Bedingungen kämpft; für ihn gibt es keine Chance – alles ist zu Ende. Gute Taten werden in der Hitze des Gefechts vollbracht, wenn die Aufregung des Augenblicks den Ansporn zu vielen edlen Taten gibt; aber es erfordert einen tapfereren und standhafteren Geist, um lächelnd und fröhlich durch die endlosen, verkrüppelten und hoffnungslosen Tage eines Gefangenenlebens zu gehen, um diejenigen unserer Kameraden aufzumuntern, die im Moment in den Sumpf der Verzweiflung verfallen sind, und um die deutschen Wachen bei jedem Fluchtversuch zu bedrängen, denn wenn die Gefangenen friedlich blieben, würde die Zahl ihrer Wachen reduziert werden, wodurch so viel mehr Männer frei wären, um an die Front zu gehen und gegen ihre Brüder zu kämpfen. Je mehr Fluchtversuche, desto mehr Wachen, um sie zu verhindern, desto mehr elektrische Lampen oder Öllampen, um die Pläne der Fluchtversuche nachts zu entlarven, desto mehr Kohle und Öl, um diese Lampen zu betreiben, tragen langsam, aber sicher dazu bei, die Ressourcen der Boches zu erschöpfen . Dies wird noch deutlicher, wenn man bedenkt, dass die Zahl der alliierten Gefangenen in Deutschland insgesamt in die Millionen geht.

Es gibt Leute, die sagen, die Menge an Kohle und anderen Dingen, die für die Außenbeleuchtung der Lager verwendet werden, könne kein ernstzunehmender Posten sein. Das ist richtig. Aber wie klein sie auch sein mag, sie zählt alles, und nur so kann ein Gefangener seinen Beitrag leisten. Versucht er zu fliehen, wird er bestraft, manchmal sehr streng; aber er akzeptiert es als Teil seines Schicksals, weil er das Gefühl hat, je mehr Männer zu seiner Bewachung abgestellt werden, desto weniger Männer bleiben für aktive Positionen übrig. Seit meiner Rückkehr habe ich in diesem Land viele Leute getroffen, die nicht glauben - oder wahrscheinlicher nicht glauben wollen -, dass das Leben eines Gefangenen so schlimm ist, wie manche von uns es darstellen. Ich kann nur sagen, ich wünschte, sie könnten es selbst ausprobieren. Lassen Sie sie den pestilenzialischen, unhygienischen Schmutz und den ekelerregenden Gestank der Lager ohne jegliche Kanalisation ertragen; die bittere Kälte des langen Winters ohne ausreichende Wärme; die tägliche Plackerei, Konservenessen zu kochen und fettige Teller anschließend in eiskaltem Wasser abzuwaschen; die Schwierigkeit, Unterwäsche zu reinigen , ohne die notwendigen Utensilien zum Waschen; die seelische Qual, keine verlässlichen Informationen über den Kriegsverlauf oder das Schicksal derer zu haben, die uns lieb sind, während die Fahnenmasten, mit denen jedes Lager ausgestattet ist, regelmäßig mit riesigen Militärbannern geschmückt sind, die einen großen deutschen Sieg zur Schau stellen, auf den die bocheschen Wachen selten die Gelegenheit verpassen, sarkastisch hinzuweisen! Wahrlich, glücklich ist die Stadt oder das Dorf, das sich eines *Kriegsgefangenenlagers rühmen* kann! Sonntags werden sie von der deutschen Bevölkerung, die für diesen Anlass in Festtagskleidung gekleidet ist, hinter einem Drahtkäfig wie neugierige und verachtenswerte Tiere inspiziert, die sich über das Gesicht oder die Beine derjenigen lustig machen, die Kilts tragen, und die anstößigen Bemerkungen schreien, während die Tiere auf ihrem begrenzten Übungsplatz auf und ab marschieren; oder dass die eigenen wertvollen Briefe aus der Heimat Gegenstand beleidigender Bemerkungen seitens der dem Lager zugeteilten deutschen Offiziere sind – dies sind nur einige der größten Unannehmlichkeiten, die ein Gefangener mit einem Lächeln ertragen muss.

Hätte der Boche seine Gefangenen von Anfang an mit dem Respekt und der Ehre behandelt , die ihnen gemäß der Haager Konvention gebührt, wäre es immer noch die Pflicht eines jeden Gefangenen, wenn möglich zu fliehen; aber dann hätte der offensive Geist ein Ende, denn ein Inhaber eines königlichen Auftrags muss den Geist leben, in dem dieser Auftrag erteilt wird – den Weg der Pflicht, sogar bis in den Tod, unter welchen Umständen auch immer dieser Weg sein mag. Aber wenn man den skrupellosen Charakter des Feindes berücksichtigt, wie er sich in der Behandlung seiner Gefangenen zeigt, ist es die Pflicht jedes wehrfähigen Offiziers und Soldaten, den offensiven Geist auf jede mögliche Weise zu leben. Einige der Männer waren großartig und haben diesen Geist bis zum höchstmöglichen Heldentum getragen.

Doch zurück zu unseren Eindrücken, als der Zug uns langsam von dem Hafen, in dem wir aus Holland ausgestiegen waren, nach London brachte. Alles schien wie in alten Zeiten. Die langen, von breiten Hecken begrenzten, hügeligen Felder, die malerischen, in Tälern eingebetteten Bauernhöfe, auf denen auf jeder Hügelkuppe fettes Vieh graste, das wunderbare, beruhigende Grün der Landschaft insgesamt ließen uns tief aufseufzen, wieder in all dem zu sein. Alles schien, als hätten wir es gerade erst verlassen. Auf dem Bahnsteig sahen wir eine Menge Männer im wehrfähigen Alter. Sicherlich musste alles ziemlich gut laufen, sonst wären alle diese Männer in Uniform, sie wären schon längst einberufen worden; oder spielten sie in Sachen Befreiungen immer noch Wehrpflicht? Vielleicht waren das alles Drückeberger, die die große Not des Mutterlandes in seiner schrecklichen Not nicht kannten oder sich nicht darum kümmerten, die sich in ihrer Unvorbereitetheit im Namen der Ehre und des Rechts gegen die größte Militärnation der Welt gestellt hatten, die bis zum letzten Mann organisiert war , und noch mehr.

Bald kamen wir in London an, um uns sofort beim Kriegsministerium zu melden. Aber London erstaunte und entsetzte uns. Es war so riesig. Taxis, Autobusse und Fußgänger drängten sich auf den Straßen wie nie zuvor, so kam es uns zumindest vor. Wir zögerten, die Straße zu überqueren, der Verkehr schien so gefährlich und furchterregend. Wir wurden von ständigen Strömen von Menschen, die hierhin und dorthin gingen, vom Bürgersteig gedrängt, deren Gesichter nichts Krieg zu bedeuten schienen. Man sah praktisch keine Menschen in Trauer, während man sie in Deutschland überall sieht. Tausende von Männern in Uniform gingen vorbei. Tommys, die sich die Sehenswürdigkeiten ansahen und in Gruppen an den Straßenecken standen – hier musste es doch genug Männer in Uniform geben, um eine Armee zu bilden! Wenn wir sie brauchten, wären diese Kerle sicherlich alle an der Front. Die Dinge mussten sehr gut laufen, und wir hatten nichts als eine kolossale Unverschämtheit gehört. Und so fanden wir es mehr oder weniger auch.

Jedes Hotel schien überfüllt; es war unmöglich, irgendwo hineinzukommen. Auch die Theater waren voll ausgelastet; man musste schon Wochen im Voraus Plätze reservieren. Eigentlich sah alles so aus, als ob überhaupt kein Krieg stattfände, und doch war überall die kriegsbezogene Organisation zu erkennen; und wir begannen, eine große Erleichterung zu verspüren. Die alte

Heimat war groß genug, um ihr Bestes für den Krieg zu geben und gleichzeitig ihr Geschäftsleben und ihr Vergnügen weiterzuführen. Das war unsere stolze, aber törichte Idee, als wir zum ersten Mal nach London zurückkehrten.

Abschließend möchte ich noch hinzufügen, dass in all diesen Erlebnissen kein einziges Wort vorkommt, das den in Deutschland verbliebenen Gefangenen in irgendeiner Weise schaden könnte. In den wenigen Beschreibungen von Fluchten, Fluchtversuchen oder anderen Fällen, in denen gegen feindliche Vorschriften verstoßen wurde, die ich aufgezeichnet habe und an denen andere beteiligt waren, ist kein einziger von ihnen in Deutschland zurückgeblieben. Sie befinden sich größtenteils in Holland oder der Schweiz, und viele von ihnen sind tatsächlich hier in England zu Hause. Ich hätte meine Geschichte weitaus interessanter und spannender gestalten können, wenn der Krieg zu Ende wäre.

Wenn ich dem Leser eine interessante halbe Stunde beschert und seine Neugier in Bezug auf die tatsächlichen Bedingungen, unter denen ein Kriegsgefangener in Deutschland arbeitet , befriedigt habe , werde ich das Gefühl haben, dass es gerechtfertigt war, über diese Erlebnisse zu schreiben.